丁寧——著

我不要完美，只要完整

——成為自己的七堂課

丁寧從二〇〇六年就開始來參加我的瑜伽課、心靈工作坊，做心理諮商，幾乎我所有的課程她都有上過，她是一位很願意學習、替自己生命負責的修行者。我相信丁寧透過寫書分享她的學習經驗也能夠啟發更多人踏上一個自我成長、願意提高意識的道路。

——心理諮商師／身心靈工作坊導師／瑜伽老師／作家 李安妮

聽身體說祕密，請它和意識保持聯繫，我們都可以活成獨一無二的樣子，從一點一點的練習，重新定義自己。

——音樂製作人 陳珊妮

丁寧是個好演員也是個會說故事的人。讀她的書就像看她的表演：幽默、動人、真誠、實在。很慶幸執導我的電影時遇到了「完整」的丁寧；她的演出「完整」了「幸福城市」。輕鬆讀，深入讀，大力推薦。

——「幸福城市」導演 何蔚庭

因為不完整，所以完美

——資深音樂人／瑜伽教師 郭蘅祈

大概問十個人，有八個會說自己的童年、青春期、初戀……活至今日，所有成長過程中，總有伴隨著挫敗、黑暗、無助的經歷，多多少少。但真的不再抱怨，沒留下陰影，或是一笑帶過的，總是不多。包括我在內，我有著被霸凌的童年，孤獨假面的青春期，還來不及暗戀就宣告死亡的初戀，自己怎麼活過來的，我都覺得是個奇蹟！

是的，我曾經是這麼想的。所以每當有人提起，或是哪個情景讓我想起過去，我那個破碎的回憶就又會回來重新「修理」我一次。儘管當我入了社會，做了我所喜愛的音樂、戲劇、主持……大家在誇讚我做得好棒的時候，心裡總會有另一個「我」來警示自己：「你沒這麼好，你有這麼多失敗的人生祕密，你不值得覺得自己是好的！」於是我永遠走在追求做事完美，但總是不快樂的鋼索上，恐懼擔憂。

直到某日有了機緣，跟著詠給・明就仁波切，開始接觸學習「禪修」的練習，從簡單的專注當下，進而慢慢靜觀實相，才真正面對自己，原來這麼多的「不堪」正是造就堆疊成現在的自己——這麼好的自己！而那些「過去」只剩你自己抓著它不放手，你以為的傷疤，其實根本早不存在。

很巧合的，我與丁寧本來互不認識，雖在同一所瑜伽中心，前後跟了不同的老師學習瑜伽師資教學，但因緣和合，我們居然一直到了二〇一六年那場廿五萬人上凱道爭取平權的後台才相遇，並交換了彼此學習瑜伽的經驗。我從靜的禪修去體會動的瑜伽的本意，從吸吐呼吸與覺知當下體位的專注，發現兩者原來皆是相通，要走的方向其實相同。

而在你一而再、再而三，每日無所求的瑜伽、禪修的練習，認真簡單地專注於「當下」後，最後那道神奇的智慧之門，才稍稍地開了一個小縫，讓你意識到，所有不完整的過去，確實就是不完整，但它造就了現在成就的你。很可惜，你未成佛，或說開悟前，你只看到一個小縫，總還是沒能看清，當然始終覺得不完美。這反過來說，也就是丁寧說的：我不要完美，我只要完整。是啊！先找到自己、真正面對那個不完美但完整的自己，跟他好好和諧相處，你才能進而與他人好好相處，與這個世界好好相處。

上完丁寧的七堂課，記得，不是把書一丟，而是請繼續「練習」與自己相處。

水晶與水龍頭

——小說家／同運人士 謝鑫佑

去年金馬獎頒獎典禮上，見到丁寧得獎，我落淚了。今年，看到她出版人生至今最重要的這本新書《我不要完美，只要完整——成為自己的七堂課》，深深為她感到驕傲。

算一算時間，丁寧與我認識至今滿廿一年。廿一年前的一九九八年，導演陳俊志完成紀錄片「美麗少年」，我們因他而認識。那時她廿八、我廿一歲，是我認識的第一位藝人朋友。當時我們好年輕，對生命有著滿腔熱血，她開朗熱情、渾身是膽，是個熱愛運動的女孩子；而我多愁善感、鬱鬱寡歡。

在那樣年輕的時間裡，一個演員、一個作者，緊緊看顧著彼此的生命。隻身在外租屋的我，堅持寫作之路，過著有一餐沒一餐的日子，丁寧拍電影「破輪胎」，便找我寫新聞稿，讓我有些補貼。

記得有一次，丁寧跟我說連續劇「長男的媳婦」拍好久，台語練得地道，但整個人被綁在戲裡，無暇抽身做其他事，「好希望自己能更精進演技，接好戲來演」丁寧這樣對我說。我笑著看她，停頓好久，因為我也不清楚自己對寫作的堅持，最後能換來什麼。當時的我們沒有答案，我們只是為了理想而在這個城市惶惶相遇的年輕靈魂。

二〇〇一年，為了一睹我喜歡的偶像王喜，勤勞地探班丁寧也有演出的「殺戮風暴」拍片現場。當時帶了以為王喜會喜歡鹽水雞，沒料他恐懼沒顏色的雞肉，整包鹽水雞竟被丁寧一個人嗑掉。凌晨一點夜色路燈下，她滿嘴油膩，喜孜孜地問我：「這家很好吃，你哪買的？」

電影殺青時，從前很恐懼拍照的我與丁寧有了我們第一張合照。當時她笑得好燦爛。在那之後，除了一次王喜在台舉辦慶生會，與有一回在公館誠品巧遇，我們沒再碰面，彼此各自忙碌，我認真寫作，丁寧拍戲做瑜伽；我在寫字中尋找自己，而她在靈魂深處與自己對話。

這十年間，每逢重要節日，我們傳訊息問候，知道彼此都好，心滿意足。或許因為丁寧是我出社會後認識的頭幾位朋友，在心中有著燈塔的功能，每每讀她的來訊，心裡踏實。直到後來，我才明白，丁寧身上有種能安定周遭情緒的特質，無論是她的眼神、她的笑容，甚至她的文字。

二〇一〇年丁寧有了第一個小女孩，得知時，腦中閃過的第一個念頭是，她會不會像她媽媽一樣叛逆、調皮，像顆太陽一樣有著用不完的精力。

那些歲月裡，丁寧也投身了參與台灣的同志平權運動，常常可以在網路上讀到她感性理性兼具的文章，或看到媒體上她振臂疾呼地吶喊，看在已經從事同運一段時日的我眼中，突然覺得，過去有些徬徨無措還不確定自己想要什麼的丁寧，像是突然手上多了一柄智慧的武器，鋒利而且充滿能量地斬開迷霧。

一次邀請丁寧來我的廣播節目，這是我們睽違多年後再度碰面，那一夜她侃侃而談婚姻平權、性平教育、愛滋，以及愛，她的堅毅與無所畏懼，讓我驚豔萬分。後來，二〇一六年十二月，我擔任婚姻平權音樂會舞台活動統籌，在後台與丁寧、馬修（丁寧丈夫），及孩子們寒暄。看著活碰亂跳的小朋友，心中感慨，時間過好快，那年我們才二十歲，如今丁寧已是人母。看著他們一手牽、一手抱地上了舞台，我想起那個挺著肚子參加遊行挺同志，卻因此丟掉代言的母親；也想起那個告訴我，想努力精進演技，接一齣好戲來演的年輕女孩。

回首這廿年，丁寧一直在努力證明自己，不同的是，過去她努力證明別人眼中的自己，如今卻已能證明自己心中的自己。由於我們曾有一段好長未碰面的時光，她的種種轉變令我感到驚訝，尤其當她決定將這些轉變寫成書出版，更讓人明白，這些轉變對她的重要性不只為了自己，更是為了每個人，或這個社會，寫書對丁寧而言是另一種社會運動。

這本書中，丁寧勇敢面對童年的混亂、初入演藝圈的徬徨、感情世界的不堪與愧歉，不僅坦然揭露過去自己的缺點，更奮力爬梳生命軌跡，字字血淚地分析自己，這需要多大的勇氣啊。她看見在人生谷底的自己，也呼吸了多年谷底混濁的空氣，直到無數次痛哭後，她受夠了這樣的人生，厭惡這樣的自己，才有了走出洞穴的那一刻，並遇見改變她生命的瑜伽老師，與瑜伽。

已經髒兮兮的水晶，再多的光線也無法讓它耀眼，只有動手拿到水下清洗，水晶才能重新發亮。心靈也是，那些多如過江之鯽的鼓勵、勸世文、心靈小語，甚至長篇大論講述心與靈魂的勵志書，都只是外來的光線，反而更顯得谷底的我們的心更加灰暗，衰敗不堪。

因為心是無形的、難以控制的，絕大多數的人無法光憑想像，就令自己走出谷底，因此許多傍徨無依的人讀完心理勵志書後更加無助。我們都忘了一件事，心與身體是相連、互相影響的，透過操作可以控制的、有形的身體，我們可以改變心。

丁寧這本書告訴了我們水龍頭的位置，告訴我們該如何打開水龍頭，如何在水下洗滌水晶，當水晶洗盡淤泥，僅需一點光線，水晶便能重新綻放萬丈光芒。或許是因為人生這條路上，丁寧曾經困頓無助、孤立無援，在她獲得了改變自己的方法後，她努力成為瑜伽老師，不吝惜分享她的觀點，並在忙碌生活中抽空回覆臉書上詢問她各種人生困惑的提問。

如今她更提筆寫了這本十萬字的新書，告訴我們如何透過身體，改變心。

然而，願不願意帶著自己的水晶走到水源處，打開水龍頭，好好清洗，好好面對操作身體？就看每個人自己了。

自序

完美！是渴望別人認同的；
完整！是自己認同自己的

我們先來理清楚這兩件事——

完美，是把審視自己好壞的決定權交給別人，「強迫自己」去滿足別人認同的角度，你的能量放在別人身上，很累，很不快樂，也不可能達成。

完整，來自於你接受了自己所有的一切，好的、壞的、高尚的、低俗的、勇敢的、膽怯的，「把決定自己是誰的權力拿回來」，能量聚焦在自己身上，你成為了你自己，怎樣都快樂。

而且我認為，完美是一個商業行為，你想想，會把完美放上來宣導的，都是想要賣東西給你的，你愈想完美，就會買更多。

物質上是這樣，精神上呢？

我這麼努力追求完美、保持完美，就是要取得別人對我的關注與愛；企圖索取什麼東西回來的概念，也是內在的商業行為。

但是，用任何方式取得愛，都是不道德的。

然而你也必須思考你跟自己的關係，是健康的嗎？你在乎你自己的感受嗎？你這麼努力想要成為別人心中的完美是為了什麼？你真的希望自己成為這樣的人嗎？你愛你自己嗎？

只是，我幹嘛寫這本書？

因為我很有資格寫這樣的一本書。

我以前就是個極力追求完美的人，我花了三十五年的時間來討好別人，然後把自己搞得四不像又遍體鱗傷。

沒有受過傷的人，沒資格討論別人的傷疤。

十幾年前的我跟現在完全不一樣！十幾年前的我，其實也沒有所謂好或不好，就是很不快樂、很憤世嫉俗、很悲觀，並且深深認為老天爺就是來整我的。也就是說，我以前壓根覺得我就是個倒楣鬼，好事絕對輪不到我。

例如以前在壘球隊時，每次上打擊區我只有一個心願——球不要打到我！是的，幾乎每一次都打到我（那時候我還不知道這就是吸引力法則）；或是我剛進演藝圈時，有些恐怖遊戲，如高空彈跳或摸蛇、摸青蛙等，只要我心想著「不要是我！」哈哈，一定馬上抽中。「丁大膽」的名號其實是我自認倒楣鬼的產物，既然都得做，就拚了吧！

不過生命真的很有趣，我自認為很不喜歡的「特質」，反而幫我在當時闖出了點名號。

加上我巨蟹座安逸的個性，非常不喜歡改變，即便已經很不喜歡自己或自己的生命態度到極點，我依然不願意改；以前以為只有自己這樣，之後才發現好多人也都如此。有位仁波切說過：「即使我們自己住的洞穴已經腐爛不堪，我們每天遙望著外面的世界讚嘆不已，大部分的人依然選擇繼續待在洞穴裡，不敢走出去，這就是人性！」

然而，我運氣算不錯，三十六歲那一年，因為有另一個天崩地裂的痛苦咬著我的屁股，我只好衝出山洞。

一路衝下來，十幾年過去，我變成現在的樣子。

同時，我也得到一個不變的真理：「當你覺得你永遠不會改變時，你已經大錯特錯了。」而所謂的不要、不想、不願意改變，只是缺乏勇氣罷了。

說到這，許多人可能還是覺得我仍不夠資格寫這本書，畢竟受傷又復原的人很多，市面上的心靈成長書籍也多到排山倒海，這本能有什麼了不起？

請注意、請注意，這是本「身・心・靈能量轉換書籍」，不是心靈成長書籍。

我認為能量就是能量，無論正能量或負能量，都是你的力量，當你推開你的負面能量，就有如不愛你成績比較不好、比較不聽話的孩子，但他不會因為你不愛他就消失，他會一直搗蛋，干擾你的生活、引起你的注意，你不可能因此忽略他，假裝自己只有另一個聽話又讓人覺得驕傲的孩子吧？

你需要的是學著重新跟那個不聽話的孩子溝通連結，找出相處模式與愛他的方式，如此一來，你就會有兩個愛你的孩子在生命裡，給你力量。

我必須說，如果你有便祕，你的心也是；如果你的身體是僵硬的，心也不會柔軟。

身體與心靈相互穩定練習、學習，才能扎實地擴張啟發內在的力量。

我是體育系畢業的，自然從以前就對身體的能力著迷，尤其從二〇〇六年接觸身心靈療癒後，我驚訝地發現身體在心靈成長方面扮演相當重要的角色！這裡說的心靈成長，不是我之前想像穿著白衣白紗說那些沒有一句聽得懂的那種話。身體很重要！沒有透過身體不斷地練習、操作，改變你慣有的神經迴路系統，講心靈就會變得像是一種逃避或怪力亂神。

而且，你要知道，你長年的思考、行為模式、習性，讓你成為現在的你，想要改變「心」？談何容易！

心要改變真的很難！光是空談更難！

所以要從身體開始著手！

身體是有形的，從身體下手比較容易，也比較看得到。身心是不斷互相影響的，身體強健了，心也會跟著改變；心態改變了，身體就會更有能力、更敏感。身心不斷地交替相互提攜，你的改變就會像中樂透一樣不可思議，有一天你突然發現，自己竟然已經成為自己想成為的那個人。

一個身心靈平衡的人。

常跟一些女性或學生聊天，一不小心就變成諮商課程，也心疼她們不能活得自在快樂，我巴不得有千萬個分身來告訴她們，自己多麼重要、該怎麼尊重自己的感受、該怎麼愛自己的身體與心？該怎麼讓自己成為「自己眼中」的男神或女神？

一個身心靈平衡的男人，會讓身邊的人感覺到穩定與舒服，會讓孩子有自信有安全感，會讓身邊的伴侶釋放更大的潛質與力量；而一個勇敢的女人會養出一窩勇敢的孩子，會造就出一個好男人，一家人的能量會因為母親而平衡和諧，進而影響身邊的人。女人會融化暴力、緊繃，會讓人覺得安全放鬆，寬容慈悲接受包容，會讓人感受到——愛。

愛！是宇宙間最大的力量。

愛！是一切的源頭與解答。

愛也是人與生俱來最強大的本能，足以改變這世界。

但前提是她要知道如何愛自己。

畢竟當你跟自己沒有問題，你跟這世界就沒什麼問題了。

我生平無什麼大志，最大的願望是希望大家都能跟我一樣，成為自己想要成為的樣子，享受身為人類的美好；當你開始享受自己的美好，自然會貢獻出來給這個世界。這是我最大的願望，盡自己的力量，讓這世界變得更好。

這本書是我十幾年來不間斷地身體與心靈的練習過程，從一個只想變紅、只想賺錢的女生，練習成一個尊重自己甚至有餘力幫助別人的人。

有時我會想，當初如果我沒有開始願意面對自己所有的一切，鐵定過不上現在的日子。我也相信需要這樣轉換的人有很多，我有幸經歷這一場「牧羊人的奇幻之旅」，得到了生命中這麼多寶藏，也有義務回饋給需要的人，讓他們也有機會過自己想要的人生。

畢竟生命太短促，改變自己要趁早。

在你悔恨之前。

反正你也沒甚麼好損失的，不是嗎？

2007 年，印度 Dharmsala（達蘭薩拉，達賴喇嘛的居住地），一切改變的開始。

致

所有想讓自己變得更美好的人

以及想成為自己主人的人

當你成為你自己，你就開始改變這個世界了

你的外在就是內在的呈現

第一課

世上沒有意外！
所有你覺得你自己奇怪的地方，
都是老天為你特別設的一套計畫

賈伯斯說過一句話：「當我站在現在這個位置往後看，我才發現所有發生過的事有一定要發生的必要，因為這些事成就了現在的我。」

我的成長真的是異於常人，很多身為人會出現的黑暗與無奈，在我的童年很日常地出現。

我覺得我老家是棟鬼屋！我以前是這麼想的。

這棟房子老舊陰暗空氣不流通，窄窄的門一直延伸到裡面，兩側沒有一片窗戶，整個空間不通風，燈光總是昏黃或是暗暗的，好像也沒人在乎亮不亮，沒有人想看清楚什麼。

自從這個小鎮火車不停站，做生意的旅人不來，旅館的生意漸漸一落千丈後，父母將旅館一、二樓租出去經營理容院，想也知道不是做單純生意的。我們住在三樓，我每天下課就看著進進出出的客人與阿姨，我自然知道他們在那間小房間裡從事什麼交易。我們家的孩子都特別早熟，對我們而言，壞的影響蠻多的。我們太小，無法理解大人世界的運作與彼此生命的需求，我對這世界的印象就是很負面陰暗。

我一出生就很不順利，第一天來到這個世界就被隔壁的阿婆嫌棄：「阿鳳那麼漂亮，怎麼生一個女兒像白鷺鷥！」我自己都不相信我的人生會順利。

因為是家裡的老三，上有大姊、大哥，下有小弟，我處在一個要努力出聲才會被看到的位置，我姊一直是眾人注目的焦點，漂亮聰明總是第一名，幼稚園的畢業典禮她是鋼琴獨奏，我是舞群裡眾多小螞蟻中的一隻。還跳錯。我從小就有明星夢，身邊的人都覺得不可思議，畢竟我眼睛小鼻子大嘴巴寬，所以養成我乖張、孤僻、驕傲好鬥又自卑，沒有一件事、一個人能令我滿意，特別是我自己。

我的父母在某些部分很傳統，例如：不跟孩子溝通、不誇獎孩子、不陪伴也不知道孩子在做什麼或喜歡什麼，所以也讓我這種自卑的特質更明顯，然後轉移成自傲，我媽媽在我小時候最常說的一句話：「我真不知道你在嬌什麼？」

我的父母也很忙，雖然我也不知道他們在忙什麼，我們家裡四個孩子是四個保母帶大的，我們自然很沒有安全感，我常常坐在三樓的樓梯口等我那玩股票的媽媽回家，抱著她哭一哭再進房間睡覺。

恐懼的背後是失去愛或感覺不到愛

父母最重要的工作是教孩子看到愛的樣貌，這一點我父母顯然失職。

我的父母親關係相當一觸即發，那時候的他們不算合格的父母，而我母親在這樣緊繃的情緒下生下了四個孩子。父母親是孩子認識愛、學習愛、付出愛最重要的管道，我沒有學到什麼，當然不知道愛是什麼東西或有什麼重要。沒有愛的滋潤，生命當然很乾澀，我又早熟，又很敏感，不像很多孩子每天打打鬧鬧一天就過了，當我們鄉下的孩子在爬樹、玩水、抓青蛙、下田工作，我卻是看著來來往往的流氓與嫖客進出我住的家。我與父母互動也很少，我的小腦袋一直被大人另一個世界的陰暗面刺激著，家裡的孩子感情也普通，導致我常覺得，什麼！這就是所謂的人生？每天吃飯、睡覺、上廁所、醒來，再吃飯、睡覺、上廁所，不斷重複，毫無新意，到底活著要幹嘛？現在死掉跟之後死掉又有什麼兩樣？不如現在死掉還省很多錢。

我的腦子對這世界充滿疑惑與恐懼，沒有人看出來，也沒有人能引導我，所以我十三歲之前都很想自殺。

我的內心有一部分很孩童地天真發展，另一部分卻天天想死，我常從我家四樓往下看很久，想知道跳下去會不會死；十三歲那年，我的兔子從樓上掉下去，沒死但斷了腿，我才打消這個念頭，我不想一輩子需要人照顧。對，當時我覺得所有照顧我的人都會在之後背棄我，或以另一種方式來傷害我，我不要，我急著獨立，這也造成我以前在關係中不會將自己交出去。對，我不付出愛也不感受愛。

我真的是一個很特別的孩子，即便這麼缺乏自信，但在心理的底層又有一絲線是很堅定相信的。

我媽媽在我十歲時去割了雙眼皮，她跟我說長大帶我去割，我馬上回她：「我才不要勒，等我長大後就流行單眼皮了。」雖然我長到這麼大還是沒流行單眼皮，但我對自己外在的特質的堅持真是從小到大沒有改變，我也不知道哪來的自信。

敏感是一件好事，但如果沒有一個穩定的內在力量，對生命的理解與寬容，敏感就會不斷地拉著你往下掉。

那時我當然不知道。

是之後我看書才了解原來自己是這個族群。

因為太敏感，所以很容易感受到痛苦或對方的痛苦，一件事也許一般的孩子只會有兩種感覺，我可能有十種；也會太過早熟地思考生死的問題，那時自己也小，沒有能力也沒有能量去面對那些連大人都很難回答的問題，所以生命會有的痛，總是朝著我排山倒海地撲來，很容易就把我淹沒了。

小時候第一次來台北大概十歲，我們走出台北火車站，天橋上好多乞丐。我生平第一次看到乞丐，完全不敢相信有人連飯都沒得吃，畢竟鄉下沒這樣的事。我沿路哭，沿路把我所有的零用錢都給了那些乞丐，我媽說我那趟台北行就是一直哭。我的確完全不記得我們去了哪裡，只記得台北乞丐很多。

我非常容易感同身受，這也是日後我積極從事爭取平權與弱勢團體權益活動的原因，若不做，我會更痛苦。

我的高度敏感造成了很多問題，我常覺得我的同學們都好幼稚，我不喜歡跟他們玩，他們也覺得我很奇怪，總是下巴抬高高斜眼看人；我隨便看個什麼新聞就會一直哭，難受很久，覺得老天爺太不公平；我很常將路上的小狗小貓撿回來養，可能有一部分覺得，我們是變相被遺棄的。

我對人的第一眼感覺總是很複雜，並先入為主，總是聯想一些壞事。比如男性，總會先設想一定有外遇、不愛小孩、打老婆，所以我對男性臉都很臭、敵意很深；反之，對女性就覺得很同情。我也很怕我媽媽死掉，我常覺得我媽媽要是死掉了我一定馬上自殺，生命對我來說一點意義都沒有。

我從很小就開始自我體驗痛苦的傷害，我眼前所見都是苦，心智消耗嚴重，身體自然不會好，所以我很虛弱有貧血，常常請假窩在家想東想西。

十一歲，進入我第一個地獄

父母親因為積欠大筆負債必須離家工作，家裡只有我們與爺爺。爺爺是個好人，但喝了酒就變成鬼，他會砸爛家裡的東西、打小孩、打斷雨傘。媽媽說爺爺在日據時代當警察，光復後被誣賴收賄，進去牢裡關了一年半。他在裡面一定很慘，每天面對自己抓進去的人與恨他入骨的台灣警察，奶奶每個月花十天的時間翻過兩座山頭去跟一位知道實情的人跪，求他出來作證。後來爺爺是出獄了，但也有一部分死在裡面了，他只要一喝酒，就瘋了，打孫子像打狗一樣，彷彿我們害他關進去一樣。傑克尼克遜在電影「鬼店」裡有一幕用刀劈開門的戲，我就經歷過。

在姊姊與哥哥相繼國中畢業到城市去念書後，家裡只剩我跟弟弟，我們兩個都睡在爸媽的房間，整夜開燈，因為我們常會做噩夢嚇醒，抱著一起哭。我們很無助害怕，但從沒跟爸媽說，因為我們知道說了也改變不了什麼。

媽媽一個月回來看我們一次，留下點錢與塞滿冰箱的食物，晚餐要我們去爸爸開麵攤的表哥那裡吃；我們每次去，他的臉色都很臭，我們常常站在麵攤外面很久，想想還是回家找餅乾吃。

有一個晚上我們在洗狗（那是媽媽抱回來陪我們的，之後爺爺把牠丟到河裡），四樓的爺爺喝了酒又開始砸東西，我與弟弟氣定神閒地先去將客廳大概有十五公分厚的門上鎖，再回浴室洗狗。一會兒爺爺踹門要我們開門，我們不害怕擔心，十五公分的門可以保護我們，但沒想到過一會兒，踹門聲變成柴刀劈門的聲音，更恐怖的是，門被劈開了！客廳通房間的門僅是薄薄的一層，浴室也沒窗戶能逃，即便衝出去打電話，也不知道可以打給誰。我們摟著小狗抱在一起哭，那是我第一次覺得我今天一定會死，而且應該會死得很痛，畢竟是柴刀。

樓下向我們租屋的伯母救了我們，爺爺又被送去私人的療養院。

我很不喜歡他們把爺爺鎖在床上，穩定後才放他自由行動，每個星期六我跟弟弟都會坐巴士，帶著爺爺喜歡吃的義美牛奶糖去看他。爺爺依然不發一語，坐在樹下看我們玩耍，傍晚回家時，爺爺都會跟我們說：「我好多了，叫你爸媽來接我回去。」

巴士開走後，我總是跑到巴士座位最後一排看著爺爺，爺爺的身影在黃昏中更顯單薄與孤獨，心想回家趕快打電話跟媽媽說，爺爺不應該待在這個地方。

很有趣的是，我一點都不恨爺爺，我可以感受到他對他的遭遇有多麼的憤怒；我開始做身心靈諮商時，第一個浮上來的人就是過世的爺爺。

理智上可以接受，並不代表心沒受傷

但這也的確造成了我對未來有很大恐懼的原因，我怕黑、怕鬼到極致，甚至有時怕到無法一個人搭電梯，我認為尚未發生的事都會是壞事。記得我做完最後一次諮商後，在老師引導之下做了一個小小的儀式，淨化我的舊家，將我家族的眼淚與悲憤，找一個地方歇息。

我們先邀請神佛或我敬愛的人與宇宙的能量進入，再次以我的身體為管道，迎接純淨且至高無上的白光來清洗、粉刷這房子。吸氣，將房子裡的沼氣像黑煙一樣吸出來，吐氣，吐出神佛、宇宙的愛來照亮整棟房子；吸氣，吸出這房子裡沉積已久的苦痛，吐氣，吐出最大的諒解與慈悲……。不斷地做，不斷地吸氣吐氣，直到再也沒有黑煙停留在這屋子裡。

睜開眼時，我看到一棟純白的洋房在我面前閃閃發亮，我正式放下背了三十幾年的家族創傷，那一刻，第一次覺得我的心待在我的身體裡，相當．安靜．平靜。

終於……回家了。

不過家裡四個孩子，我應算是最幸運的，國二加入壘球隊改變我的一生，一路保送到國體，那六年是我當時最平穩的時期；接著進了演藝圈，開始我的第二個地獄的旅程。

你以為你已經到了谷底？沒有，你只是在邊緣而已。

在這段期間，其實，很多訊息有不少訊息對我的生命有所暗示。記得有一次拍完戲，半夜騎車經過辛亥隧道，一直有種走不完的感覺，突然面前看到一尊好大好大的佛頭，沒多久自己竟出了隧道。另一個更有趣的是，有一次遇見一位我也不知道他是誰的人，跟我說：「妳以後會修行。」我聽到這話快吐了，我正要跳進這花花世界，用力大鬧一場，修個屁。

一直到後來才了解，我所有經歷的，都為了指引我走上這條路，透過療癒自己，療癒別人，所有發生的事沒有一件是意外或老天看你不爽，我必須走向這條路，因為我會是一個比較「醒目」的管道，讓大家看到除了將注意力放在八卦與名牌的追求上，我們的人生還有更有意思的選擇。

ＯＫ！我們回到我的第二個地獄。

我最大的優點是，無法忽略「心」的感覺。

從學生時期住校，最喜歡的時間就是熄燈後，偷偷爬起來開一盞小燈，發呆或寫些有的沒的，之後才知道那些我認為自己只是在發呆的時刻，其實是在釋放感覺。我那麼敏感，一天下來累積那麼多感受，沒有處理釋放沉澱，我會瘋掉的，現在我覺得能發發呆是件非常幸福的事。

很慶幸的，即使現在大家都習慣把注意力放在滑手機看電視，我依然保有喜歡發呆的習慣，我很珍惜這樣的空白。

選擇適合的工作與選到好伴侶一樣重要

很晚入行，因為我一直不敢去面對自己內在最真實的渴望。我很想當明星，很想做表演的工作，經過了社會化，我果然愈來愈不相信自己，但我也無法違背自己太多，我的第一份工作便選擇了舉辦演唱會的製作助理，當時希望自己藉由跟明星工作，來更確定自己沒有足夠條件走這行，畢竟要臉蛋沒臉蛋、要才華沒才華，但每次在後台看著台上的表演，我都覺得自己應該在那裡。

我的第一份工作剛開始其實非常輕鬆，我們是辦演唱會的公司，所以沒有演唱會的時候我們就都沒事，而我那時最重要的工作就是訂便當。人的心真的完全主宰著我們的身體，即便無聊成這樣，還是覺得每天都好累喔，一個月至少都還會請個兩、三天假，我一直跟自己說，是我身體不好，所以對很多事都沒精神，常常覺得很容易疲倦，但一到晚上，卻精神百倍熬夜不睡覺。

◇◇◇◇◇◇◇◇

無論你有多崇高的信念，一定要反覆被考驗，才能確定這是你可以仰賴的信念。換句話說，魔鬼要奪走你的靈魂前一定會讓你先嘗嘗甜頭。

◇◇◇◇◇◇◇◇

二十一歲到二十三歲這段時間是我的黃金時期，我成了相當搶手的演唱會製作助理，體育系學生，身體好、耐操、機動性高，我九歲就去過酒家，從小看這麼多大人有的沒的事情，大人的眉眉角角我很懂，總是可以把場面處理得賓主盡歡，相當江湖。

一次辦伍佰老師與昇哥的最後一場演唱會，我們公司只有三個人，便能撐起這麼大的場子，當時便有其他製作公司找我談，覺得我年輕又好用，長得也不錯，可能會是未來女版的王偉忠，便開出比現在多一半的薪水，我的前途一片光明。

我的確沉浸在年輕的成功裡，並再一次告訴自己，放下夢想，這才是妳該走的路，一條穩定成功的路。在開演前，我走到體育館最上面一排，想感受一下君臨天下的感覺……，結果我嚇到我自己！

我覺得我的心竟有一種破了一個洞的感覺，風冷冷地灌進來。我之前說了，我無法忽視心的聲音，跟隨你的心，你才不會迷路，我深深覺得我的人生一定出了問題，這樣太不正常了。

那是我最後一次辦演唱會。

我只跟我自己說，我寧願失敗也不要後悔自己連試都沒試，不管未來有多苦，我還是願意。

但是我真不知道這麼苦。

佛說：「路挑難的走。」我果然挑了一條很難的路。

前三年很慘，生活很慘，常常房租付不出來，那時幾乎所有的模特兒公司與拍戲的製作公司都收過我的個人資料，我靠零星的模特兒工作撐著過活，但這都不苦。然而歲月無情，晃眼我也二十五歲，每個人都知道年齡是這個行業最大殺手，有一個機會，我就拚了。

我拍寫真入行，自然被貼上花瓶或脫星的標籤，或是比較「好用」的花瓶，那時候大型遊戲節目很盛行，我身強力壯，上山下海都難不倒；年紀又大，我相當汲汲爭取，所有別的女明星不做的、害怕的我一手包辦，光是高空彈跳就跳了七、八次，當然我自己也很願意嘗試，也很愛玩，所以大家都覺得我就是一個天真活潑又樂觀的人。

喔，丁寧，很陽光呀。

是的，我外表很陽光，內心很陰暗。

我常常錄了一天節目，回到家開了門就蹲在地上哭，我不知道一整天下來我在做什麼？被要求穿得性感、要製造效果、要裝笨、要嘲諷譏笑別人、要說別的明星的八卦……。我是賺了很多錢，但我進演藝圈不是為了這些。

當時只要心情不好我就進健身房，健身房是唯一一個我可以證明自身價值的地方，我在那裡表現得很搶眼。我的人生我無法掌控，但至少我可以掌控我的身體能力。

我練得愈來愈健壯，心也愈來愈封閉沒有彈性，這就是運動與瑜伽不一樣的地方。

我自尊心很強、抗壓性超低，我很堅持己見，不太聽別人的意見，那時候我很難溝通，只要跟我想的不一樣，我就發脾氣。對合作的男藝人，我總穿上八層盔甲，因為我認為他們會傷害我、占我便宜，我必須把自己弄得看似很強壯，最好誰都不要靠近我。

我像一隻刺蝟一樣，刺別人，也刺得自己全身是傷。

但你以為這就是地獄？沒有，才剛開始。

你的外在就是你內在的顯現，也就是說，當你的心是封閉的，是緊繃的，是沒有彈性的，你所表演出來的，也只能到這裡而已。

終於，我爭取到演員的工作。

但是在拍戲時我內心負擔很大。

剛開始算是順利，因為所演的角色並不吃重，也比較表面，所以問題不大，由於自己對表演懷有熱情，當然希望能處理更深刻的角色。沒有拍戲的時候，我就是在電影院，或看DVD，我看了非常多文青會看的電影，也很愛跟人紙上談兵一些表演的事情，我自認為是一個非常有深度、非常能夠處理複雜細膩角色的演員，只是還沒等到對的角色。

我是一個非常努力爭取的人，也有許多人願意給我機會，當我拿到比較好的角色時，我也會花很多時間在這個角色上，我會做很多功課，自己做很多彩排，但問題是，到了現場一切都不一樣了。

內心的小劇場開始運作了。

我把太多能量放在別人怎麼看我，我的表演自然沒有能量

很早就確定我是要當演員的，所以幾乎什麼角色，鬼或屍體、瘋子、檳榔西施，只要與演戲有關，我一定接，積極又努力，但是我有一個問題……

常常我在家不斷地練習劇本，設計不同演法、說話方式、肢體動作走位，但，只要到了現場我就開始大緊張，而我一緊張就會開始想「他們一定覺得我只是個花瓶」、「他們一定賭我演不出來」、「我在鏡頭前一定很醜」、「完蛋了我一定不行的！我就知道我不行」……，我花很多能量在在意別人怎麼看我、怎麼批評我，當然什麼都做不出來。

身為一個演員，高度的敏感度是很重要的，我不就剛剛好有這樣子的特質嗎？不過那個時候我不知道我也把這樣子的特質用在別人怎麼樣看待我，能量放錯了，等同更沒有能量。

我常搞得自己非常混亂，失去方向，如果運氣好，遇到比較好一點的劇組，他們保持沉默，不批評、不刺激已經是給我最大的幫助，但是大部分沒有好運遇到這樣子的劇組。加上我的確被很多製作人嫌來嫌去，一天到晚有人叫妳去做這個墊那個，有一次幾乎被說動了決定要去割雙眼皮。我哥告訴我：「現在不順利去割個雙眼皮，下次不順去削個骨做個下巴，妳會變成什麼樣子啊！我們愛妳是因為妳是妳，如果妳要因為這個工作而變成我們不認識的妹妹，我會很難過。」一瞬間驚醒，心念脆弱時容易隨波逐流，我還是決定保留父母給的原始樣貌，並且期許自己用能力來轉移別人對我外在的要求。

我拍戲都好像在打仗，我把劇組的人都當成會挑我毛病的敵人，我最大的工作就是要抵抗他們的評斷（不過我都裝做笑笑沒事），要證明他們是錯的！有一天一定讓你們後悔曾經這樣對我！我總是在幻想如果得獎我上台，一定要嘲諷他們一番。還好我那時候沒有得任何獎，不然那時說出來的話一定會讓現在的我覺得羞愧。

前腳走，後腳要放，不然怎麼前進？

我沒有辦法放下我犯的錯，以至於耽誤到下一個工作；背著一身的垃圾在工作，戲會好才怪。

我就是不斷地在這一種兩極矛盾的輪迴裡面，我的喜怒哀樂都跟著我演出的狀況游移，我身邊的人都覺得我的情緒很不穩定、很情緒化，演一場好戲我可以爽三天；演一場不好的，我會責備自己三個月，那時候我身邊的伴侶都很倒楣。

當時我覺得這是「很會反省」，一場戲如果演不好，在開車回家的路上就會一直重複台詞與神對話，批評自己、罵自己，然後下一場戲當然就毀了；一場戲演得好也慘，我會一直記得這種感覺，不斷想抓回這種感覺，所以下一場戲也就演得不好了。

我的人生不是往前看恐懼未來，就是往後自責或懷念曾有的美好，心不在當下，要好也難。

有一次單元劇是女主角，劇本真的很好，我開心得不得了，男主角就是我同公司的師兄，我想我會比較放鬆一點，然而也是到了一場非常重要、整齣戲的關鍵，我又成功地嚇壞自己。那場戲，我覺得自己臉部扭曲到了極致，很難看的一場戲，戲殺青後，師兄跟我說：「丁寧，妳太ㄍㄧㄥ了啦，戲很難出來。」

那次讓我認真思考我是不是應該離開這一行，我覺得高度敏感造成我的困擾，但若是不敏感，我要怎麼表達出角色的情感呢？

我把所有的力氣都投射在外面的世界怎麼評價人，我要怎麼做才能夠符合這一個外在世界的價值觀。我不斷地在刺激腦部，一直在想怎麼樣讓自己變成一個別人會喜歡的人，但是敏感度是有關於心、有關於全身細胞的，我的外在想法跟內在感受一直在拉扯，瑜伽說了，人不快樂是因為內在與外在失衡。

入行的前十五年，我總覺得自己一直好累、好疲憊。讓自己更難過的是，我當初下了這麼大的決心進入這個行業，卻沒有在這個行業裡面得到存在感與成就感，我甚至根本不知道自己是誰、在做什麼，我的人生是不是就只是這樣了……？我果然是個沒有資格得到幸福和快樂的人。

瑜伽教我的事（一）

人類的痛苦
來自於
內在與外在的分離

雖然得囉嗦一下，但身為瑜伽人，我還是覺得有責任將古典瑜伽做一個介紹。

瑜伽動作的由來是因為古印度的修行者，為了伸展與保健長時間靜坐的身體，但又要能持續打坐時靜止腦部活動，所研究出來的動作，於是，瑜伽又稱為動態的靜坐。

為什麼要靜坐呢？

靜坐是釋迦摩尼佛成道的方法，他老人家不當王子，發誓要為世人找到離苦得樂的方式，喔！他什麼方法都試過，餓自己、傷害自己、不斷問問題……，怎麼樣都無法遠離痛苦，他火大了！一屁股坐在一棵菩提樹下，發誓找不到答案就不起來！這一屁股就七天吧？這一坐世界就改變了！他發現靜坐時專注在呼吸上，能幫助平息腦部的思緒，腦子不亂想了，平靜愉悅就會浮現，我們與生俱來是喜悅的，只是被太多想法蓋住，看不到喜悅。

好的好的，回頭說這個動態靜坐。

瑜伽，古典瑜伽，又稱為哈達瑜伽（HATHA YOGA），HA是太陽（身體、能量，意指有形的一切），THA是月亮（內在、潛意識、無形的），太陽與月亮、陰與陽的合體就是「完整和諧」、「連結合一」的意思。

瑜伽的意義就是連結、平衡我們的身心靈，讓我們的內在與外在表現出來的一樣，稱為合一。

我們之所以會痛苦、憤怒、不開心，都是因為做的事情跟自己的「心」真正要的不一樣，說著不想說的話，做不想做的事，內外產生衝突，我們就會懷疑自己、討厭自己，覺得自己很假、很失敗、很分裂，當然就很不快樂，這是現在許多人的問題。

所以就造成心理上會憂鬱、躁鬱、失眠、暴飲暴食、縱欲、使用毒品，或其他精神上的困擾；生理上，累積在心的負擔會轉換成身體上有形的病症，胃有問題的人大多很壓抑、緊張有話不敢說；肝有毛病的人大多覺得自己不夠好，要更努力更往前衝；常腰痠肩頸僵硬的人，責任感過重（手機電腦上癮的不算，那是對自己沒有責任感），好像全世界都是他要管的，永遠有一雙無形的手推著向前，不讓自己有可以鬆一口氣的時機……。身體與心理總是不斷地相互影響，我們習慣將所有注意力往前看，或留戀著以前的美好，卻忘記安靜下來聽聽身體現在有什麼感覺？它是不是在你的意志力與好強的驅使之下遠超過負荷了？

「功夫熊貓」是一部充滿禪意的電影，裡面有一句經典台詞，烏龜師父說：「過去已經成歷史，未來如此神祕不可測，我們擁有的只是現在，現在是一種恩賜，一個禮物。」如果我們能夠時時觀察自己的身體，給予身體需要的安慰或休息，不要等到身體大發作之後，才要開始重視它的聲音，這付出的代價太大了。

而瑜伽的作用就是將你帶回當下

做瑜伽時，因為專注在身體與呼吸上，腦子的千萬般想法才能停止；當腦子停止思考活動，你才能得到真正的休息，或是給自己爭取點空間不被千頭萬緒逼死。常有學生課後說：「我真感謝自己今天趕過來上課，原本不知該如何處理的事，上完課答案就出來了！」

我們需要的智慧都在自己裡面。透過瑜伽終止紛亂的思緒，用時間換取自己更大的空間，休息夠了，答案自然浮現。

透過呼吸平靜思緒，放下腦部的紛亂，你才能看到自己真正需要的，為自己做出最好的決定。

記得當時我意外懷孕，剛發現的前三分鐘，我覺得我的世界被倒轉過來，我嚇到站不住、猛落淚，腦袋一直跑著大肚子無法工作、生活秩序大亂的畫面。嚇完自己後突然想到，瑜伽不是常跟我們說「放下腦子的思考，讓心說話」！

我閉上眼，試著安靜下來深深地呼吸，才到第三個吸氣，我發現我的心口好像被一顆大太陽照著，我．的．心．好．開．心！

原來我的心跟身體都準備好迎接改變，但是我的腦子還活在過去，不知道現在的我已經不一樣了，我欣然接受這個改變，同時也開始進入了一個我想像不到的美好世界。現在有時看著我的孩子們，不敢相信我的人生怎麼會有這麼大的幸福，當然也不免覺得好險，還好當初沒有聽信腦子的話，還好我有學習瑜伽，讓我學會接受生命的改變，並且相信所有的改變都正將你推進下一站的美好。

所以瑜伽在我心中沒有重量，它是一切，是所有，是一種讓自己活得更好的生命態度。

用瑜伽人（YOGI）的態度來生活，提醒自己時時覺察心的感受，活在當下！享受當下！只有當下是真實的，是存在的，這個當下活得好，下一個當下才會好，學著不往前看，也不回頭望。

不批判、不用任何形式的暴力對待自己或別人（無論語言的、肢體的暴力……），百分之百地尊重自己的需要，不強迫自己做不願意做的事，愛惜自己的身體，不暴飲暴食，溫柔、慈悲、寬容真誠的對待自己，當你可以這樣對自己，當然也會這樣對待你身邊的人，以及這個世界。

瑜伽的動作與瑜伽的哲學，是最貼近人生，也是最容易上手的生活道理，透過瑜伽的練習照顧我們的身心，幫助我們平衡身心靈，在這躁動的世界裡，有機會讓自己慢下來，看見心性就能穩定住心性，也就有更大的空間與能力去面對快速的變化，為自己做出對自己最好的決定。

任何時候遇到瑜伽，或是看到這本書，都是最好的時機，你準備好進入自己轉變的旅程了嗎？

當你了解了自己，你就能了解這世界、這宇宙。一沙一世界，你是一粒沙，也是全世界。

淨化呼吸法

「呼吸是人類靈魂與身體的連結——瑜伽之父Iyengar」

呼吸是我們生命中最重要的一件事，呼吸也是我們生命中最全然潔淨的能量。

吸氣擴張身體，將氧氣與血液帶到每個細胞，吐氣收縮壓迫器官迅速將殘餘物排出，擴張、收縮、擴張、收縮，身體像幫浦一樣，不斷地將你的生命力打上來。

印度修行者認為，人一生呼吸的次數是有限的，所以當你愈能延長呼吸的長度，就愈能增加生命的長度。

而呼吸本身就具有超能療效！歌手比莉得知罹患癌症，最後選擇遠赴印度學習淨化呼吸法來自我療癒，現在的她，依然活躍地享受人生、陪伴家人。當然我們不需要等到身體出了狀況才來學習呼吸法療癒自己，我們可以選擇在接觸到呼吸法時，就開始使用呼吸法來保健自己，不但不需食用過多保健保養食品，也不用動不動去按摩、吃排毒餐，時時刻刻懂得照顧自己，當自己的醫生，省錢又省工。

你可能好奇呼吸竟有這麼強力的效果，讓我來簡單解釋一下。

呼吸法 PRANAYAMA
療癒、引導能量與潛力啟發——Stephen Thomas

調息法是八肢瑜伽裡的第四肢，跟體位法（ASANAS，第三肢）一樣重要。呼吸幫助體位法的練習，能有更細膩的掌控；呼吸淨化身體，讓身體自行產生療癒效果，幫助身體快速恢復體能；呼吸也是一道橋樑，連接身體與心靈，了解你內在的真實感受，釋放負面情緒，並且調節生命能量，辨識出你內在的潛力，進而激發潛力，這也是很多運動員練習瑜伽與呼吸法的原因。簡而言之，呼吸，就是你身體的智慧。

呼吸對身體的實質面

當你專注地吸氣時，身體會充滿飽飽的氧氣，讓肌肉充滿彈性，身體的器官與腦部就能接收到更多營養，營養足夠，身體的腺體分泌就會正常運作，身體就能充滿活力；而專注的吐氣不但能放鬆肌肉，更能將身體殘留的毒素擠壓帶走排出體外。專注的呼吸就像在淨化身體內在，吐氣帶走身體的毒素，下一次吸進來的氧氣就能被吸收更多，吐氣再帶走毒素，吸氣再接收更多更純淨的營養進入，一吸一吐，維持身體的潔淨、營養的穩定、能量的流動，人心自然清晰舒暢，就像維持家裡的水管線潔淨，才不會孳生蟲蠅、堵塞不流動，你使用到的水也才會乾淨一樣。

我之前在大忙時，甚至沒有睡眠的時間，我會在等待時安靜地坐著，閉上眼睛，慢慢地從鼻子深深吸氣，緩緩吐氣，只要五分鐘，張開眼睛就會覺得世界比較光亮了。很多人都說「丁寧體力很好」，其實是我很會控制自己的能量，適度的使用呼吸法調節身體的疲憊，再給予身體潔淨的氧氣來補充所需。

你可能會說，呼吸是本能，何必學習？

就好像你會說，父母愛小孩不需學習！相信我，不學習表達愛，只會將孩子推向不相信愛。我很有資格這麼講，因為我生了三個，到現在才覺得我是一個還不錯的母親。

學習呼吸法，就像專注地寫功課，跟一邊看電視一邊寫功課，是很不一樣的，一邊看電視雖然功課都寫完了，但也忘得差不多，白搭。專心寫就會學習到很多，你注意問題經過思考後給出答案，就像專注呼吸能帶給你身體更大、更多的好處一樣。

當然，一直存在的東西容易讓我們忘卻它的重要性。

你有做對呼吸嗎？

你檢查過自己的呼吸狀態嗎？你的呼吸品質顯現你的生命品質，你的呼吸是急促還是深長？是長還是短？是緊還是鬆？你常有吸不到氣的感覺嗎？吸氣帶給你什麼感覺？舒暢還是緊繃？吐氣的感覺呢？放鬆還是急促？你有均勻、規律、平靜、溫柔、延長的呼吸嗎？

呼吸太快的人通常性子急、能量太往上衝，屬衝動派，無法好好思考；呼吸慢的人就是慢郎中，太會拖拍，同時能量也比較弱，行動力不好。

穩定深長的呼吸也能調整血壓，高血壓的人試著吐氣慢一點長一點，血壓低的人吸氣深一點長一點；同樣的，你調節了呼吸，就會調整心跳的速度，進而也能調整你的個性。

呼吸是瑜伽的第一堂課，也是永遠都在的一堂課，做瑜伽時，只要能維持好好呼吸，不憋氣、不急促，無論你的外在動作做得如何，都已經完成了一堂很好的瑜伽課。

呼吸的能量與情緒面

你曾想過呼吸對你有多重要嗎？我們來做個小實驗。

輕鬆地坐著，先深深吸一口氣，吐掉所有的氣後，憋氣！花點時間感受自己沒空氣進入身體時的感覺，一直憋到覺得快不行了、接近窒息的狀態時，再吸氣。

有沒有觀察到，當沒空氣進入時，你的身體是不是呈現前所未有的恐懼、慌亂、陰暗、痛苦、接近地獄；而當你吸進第一口氣時，專心感受一下現在的感覺，這口氣是不是像黑暗中的一道光、沙漠中的一口水一樣芳香甜美迷人，像是你這一輩子從來沒呼吸過一樣，像是你願意耗盡家財來換這口氣一樣。是的，的確有很多人耗盡家財想買一口氣都買不到，這就是呼吸的重要。

當身體裡沒空氣時，細胞乾枯，身體呈現緊繃負面，黑暗降臨籠罩全身，身體沒有彈性，裡面像一片沼澤，黏濁無生氣，毒素就會快速產生，這時候也很容易受傷，所以上課時我們會一直提醒呼吸、呼吸！憋氣時身體肌肉會緊繃、缺氧，就很容易累、容易抽筋。

而當空氣穩定地進入身體，每個細胞吸滿氧氣，身體充滿彈性正向，器官才能正常運作，該吸收的該流動的該排出來的，穩定著生命的循環，光明來臨，身體是座欣欣向榮的花園。

我第二次 Yoga Teacher Training（簡稱 YTT）的老師是 Stephen Thomas。

Stephen 是那種不會穿緊身瑜伽服的老師，他總是一身修行人的寬鬆衣物與淡定談吐，什麼都是好、什麼都是對，沒有批判、沒有評分，但下一秒他馬上可以做出一個驚人的姿勢，即便這時只是早上九點，我常懷疑他是幾點就要起來暖身的。他說在他拜師 O.P. Tiwari 學習瑜伽時，O.P. Tiwari 只教他幾種淨化呼吸法與調息法後就要他回家自己練習，四個月後，他才開始學習體位法，至今二十多年，他沒停止過練習呼吸法。

呼吸法，或說調息法 PRANAYAMA，字面解釋就是「能量氣息的控制與擴張」，帶著意識地監控氣息的流動，將氣息帶到你身體需要的地方。再次學習調息法 PRANAYAMA 有令我驚訝的感受出現。以前非常不喜歡練習 PRANAYAMA，還常練到打瞌睡，不懂為何要花這麼多時間搞這個，多練習幾個困難的體位法不是比較有意思嗎？

也許是時間到了，也許是我也朝向更細膩的練習方式，當時每天早上一個半小時 PRANAYAMA 練習，連續快三十天的 YTT 每天上課十二個小時，我發現自己的專注力集中，體力的掌控適當，情緒也平穩平靜，下課後還有餘力陪小孩，連我持續一年半的夜間咳嗽，也都在練習兩星期後突然不咳了……。我開始對這個調息法的練習著迷，之後即便沒時間練習體位法，我也幾乎每天都會練習淨化呼吸法與調息法來維持一天能量的付出，並且也成為我在教學上很重要的部分。

呼吸在瑜伽裡是相當重要的一門課，許多型態的呼吸法對身體有不同的效益與幫助，在這裡我不解釋太多瑜伽呼吸法的種類，只用其中幾種呼吸法，不但能幫你穩定身體在做瑜伽時的狀態，也能學習如何更細緻的使用腹部的肌群，在日常生活中也可以單獨練習，不僅能快速提神醒腦，流動能量，也能幫自己淨化、平衡身心靈。

那麼，就來吧！

先介紹三個很重要的骨頭：

一、坐骨：坐著時臀部有兩塊骨頭最靠近墊子，就是坐骨。

二、尾骨：尾椎最後面的那一塊，只要是站著，請都將它捲進來一點，一捲腹部肌群就會啟動，也可以保護下背。

三、肩胛骨：上背兩邊那兩塊骨頭，任何姿勢時，除非前彎，請都要習慣將鎖骨往兩側延伸後，再將肩胛骨輕輕由後往前推，才能擴開胸口，再放鬆肋骨；不要將肋骨挺出來，會壓迫下背。這樣的動作對現代人很重要，因為我們花太多時間使用３Ｃ產品，加上做任何事幾乎都是含著胸，所以胸口的胸大肌緊繃，呼吸就不順暢，肩膀就僵硬，往往脖子也會被影響，就容易有偏頭痛與落枕的問題。正確的姿勢，觀念正確地使用肌肉，身體就已經被治療。

練習淨化呼吸法時可能要坐五分鐘以上，沒靜坐習慣的人若怕坐不住，可坐在一塊抱枕上，將坐骨提高。

腹式呼吸法

在瑜伽裡都是鼻吸鼻吐，這樣空氣才會充滿頭部，讓腦部充滿氧氣，再來到身體，鼻毛能過濾灰塵，也比較能掌握呼吸的速度與節奏。如用嘴巴吸氣，空氣只進入肺部沒到腦部，比較容易緊張，也難控制吸氣的容量。

坐在一個舒服的位置，讓兩個坐骨平均的放在墊子上，尾骨內捲一點，鎖骨往兩側延伸後，再將肩胛骨輕輕由後往前推，才能擴開胸口，再放鬆肋骨。

吸氣讓坐骨往下推地的力量將脊椎往上長長拉高，感覺好像要讓頭頂跟天連結一樣，吐氣放鬆讓肩膀的肌肉往下融化離開骨頭。

左手放在左膝蓋上手掌朝天，右手放在腹部。

吸氣引導空氣慢慢膨脹腹部（1），吐氣時再讓腹部慢慢的凹進去扁扁的，像是被人打了一拳（2）。

重複十六回後休息一下，再練習。

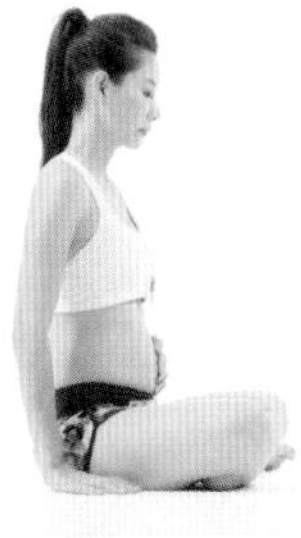

1

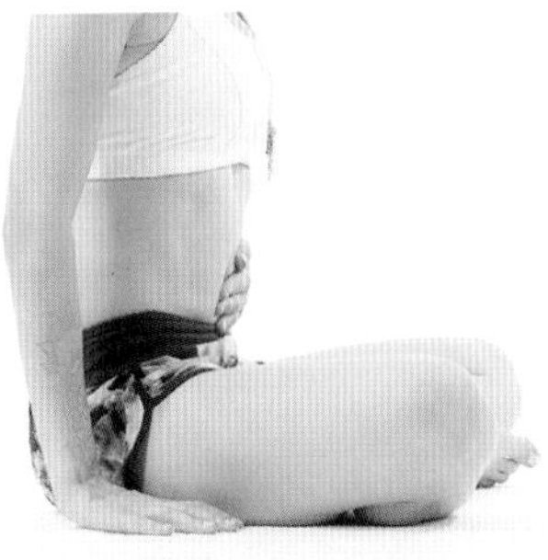

2

你也可以躺下來練習，比較能感覺到腹部鼓脹往上推的力量。

我們的腹部有許多副交感神經，副交感神經的功用是幫助放鬆，所以腹式呼吸也有幫助睡眠的功效，特別是緊張時就練習刺激副交感神經來放鬆自己，而每次當你吐氣吐到最底輕輕壓迫腹部肌肉時，也就是一種腹部核心肌群的練習。

KAPALABHATI（擦亮頭顱法）

KAPALA 是頭顱的意思，KAPALABHATI 就是「擦亮頭顱」，也就是讓你感到清晰，讓大腦清醒的意思。同時因為腹部用力的收縮會強迫橫膈膜將肺部往上推，幫助排出更多廢氣與二氧化碳，同時可以練習核心肌群的掌控。

坐在一個舒服打坐的位置，花幾個呼吸讓坐骨好好扎根往下推，讓脊椎一節一節往上長高，吐氣時肩膀肌肉往下沉，雙手輕放在膝蓋上。

吸氣時，有意識讓腹部往外推大（3）；吐氣時，意識集中，將腹部往內壓縮（4），讓氣體自然從鼻孔排出。下一次吸氣時，身體會自然地推開腹部，

3

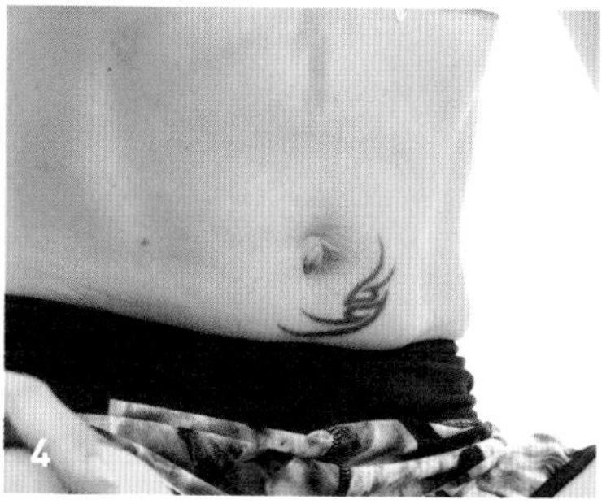

4

吐氣時，意識集中，再將腹部往內壓縮，反覆這樣的動作。剛開始請慢慢來，一秒一次先做二十次，最後一次深深吐完氣用力壓迫腹部，止息（憋氣）一下，直到你覺得夠了，先放鬆腹部再吸氣。

每做完一回合，請自然呼吸三至五次，休息一下，再開始下一回合。剛開始練習時可以多做幾回合，一星期後增加次數二十下到五十下，做三回合，上限一百下。

經期、便祕與懷孕時不要做這練習，練習完要多喝水。這個呼吸法會創造很多熱能，燒掉身體的濕氣，但也怕太熱，身體會缺水，加上水會帶著氣走更快，所以要補充水分。

NADI SHODHANA（交換鼻孔呼吸法）

在哈達（HATHA）瑜伽中是非常強力的潔淨呼吸，排毒功效極佳，可讓身體的左脈（IDA）與右脈（PINGALA）在一個和諧的狀態，平衡身體與放鬆神經系統，並且給予身體活力。

交換鼻孔呼吸法是從左邊開始。當左邊（月亮的能量）吸氣時，會帶出你的潛意識與過去的行為模式，右邊（太陽的能量）火的能量則會燒掉你的潛意識後，再給予身體正面的能量，幫助你活在當下。身心在當下，自然平靜滿足，呼吸法排的不只是身體的毒素，還有心靈的，同時也為靜坐做準備。

打坐姿，舉起右手，將食指與中指彎進掌心，拇指、無名指、小拇指自然伸直（5）。拇指壓住右鼻孔，先用左鼻孔吸氣八拍（6）；再用無名指壓住左鼻孔，鬆開大拇指，換用右鼻孔吐氣八拍（7），接著一樣用右鼻孔吸氣八拍，壓右鼻孔，左吐八拍，這樣算一回合，做五至八回合後，自然呼吸休息一下。

左邊是我們月亮的能量，是屬陰、屬潛意識的；右邊屬陽，是火的能量。左吸氣將潛意識帶起來，再右吸用火的能量將它燃燒掉，讓身體內的能量不會被潛意識或以前舊有的習氣干擾，讓一切淨空、潔淨、沉靜。

5

6

7

第二課

如果你不知道怎麼愛自己，如何給別人他需要的愛？

一切都是因為愛，因為感覺到愛，再怎麼辛苦都不會覺得累，會願意改變自己慣有的模式、離開自己的舒適區，以求更靠近那個愛的感覺。

而愛，是來自你的心，是你內在最巨大的力量，足以改變全世界。是的，全世界都能因此改變，何況我們，何況我們的身體。

愛是所有問題的源頭與答案。

但前提是你要知道你有沒有愛自己。

在所有愛的形式裡，愛情與親情最容易改變或影響一個人的生命，而愛情是最複雜且最強大的力量。其實每一種愛都會有自己內在狀態的投射，愛情是投射最強烈且直接或加倍的，所以在愛情裡面會帶起許多內在過去的陰影，然後主導、影響你對愛的感受、愛的判斷、愛的走向，也就是說，從你對愛的模式就可以對照出你對待自己的方式。

例如，從小沒被母親好好疼過、沒被父親寬厚的肩膀籠罩過的孩子，自然不會相信自己有資格被愛，自然對自己能得到想要的幸福、過著自己想要的日子沒有自信。

我一直有一個奇怪的信念：人生不可能事業愛情兩得意。

所以當我事業不順時，會突然跟對方提分手，希望愛情的失意可以帶給我事業的順利。

我看起來好像很愛自己，但其實一直變相地折磨自己，潛意識地認為我的人生沒資格得到輕鬆與幸福，於是不斷逼迫自己往前，不讓自己有喘息的機會。是的，我也用同一種模式對待身邊的人，所以我的愛情都很短暫，但我卻覺得是因為沒遇到好的、對的、愛我的對象，於是，我便更刻薄地對待自己與愛我的人！

我的感情時間都非常的短暫，很少有撐得過一年的，僅有一段三年多的感情，是我最長的一段關係，對方大我八歲，相當疼我，其實我們分手過很多次，復合的原因大都是我還是很需要他照顧我。最後一次真正分手的時候，我也不痛不癢，生活照常過、工作照常做，沒有任何的不舒服或干擾，當時我覺得自己好了不起喔，這麼看得開。

有一次工作完開車回家的時候，在馬路上停紅燈，突然心口一陣劇痛，一股很深的悲傷衝上心頭，我在車上大哭了起來，覺得自己好悲哀，對於一個跟我生活了三年多的人的離去，我竟然可以這樣子毫無感覺，我是怎麼了，為什麼會變成一個對感情這麼無感的人？

面對痛苦，一般人大概的選項有兩種，不是關閉，就是逃避，願意去面對的大概也都經歷了一些什麼才明瞭，這是唯一的方法。

那時候當然不知道，我自幼成長到那個時候，都用一層一層的盔甲來掩飾內心的軟弱，盔甲穿久了，你會以為自己就是這個樣子，的確保護我不受傷，但也把我包得密不透氣，所有應該流動出去的能量悶在身體裡，成為「無感」的人。

那是我第一次覺得自己在感情上有如此巨大的問題，畢竟我一直覺得自己是談戀愛高手，這也是我在當時最大的成就感。

自序裡提到那個把我踢出洞穴的人，我們分手，我幾乎傷到體無完膚。他真是我生命中的貴人，我會如此痛苦到無法面對自己，是因為他是我此生交往過的人中，跟我一切喜好、興趣甚至質地最接近的人，我如此自視甚高，連他都無法與我成局，當時的我認為，這輩子只能單身了，這世界上沒有人可以「匹配」我。

分手時，他丟給我一句話如雷貫耳：「我再怎麼愛妳，妳都不會相信的，因為妳不愛自己。」我醒了一半。

◇◇◇◇◇◇◇◇◇

吸引力法則，你只能吸引到跟你同等能量的人。

◇◇◇◇◇◇◇◇◇

他的的確確是我此生的貴人，無論在各方面，不過分手當時，我當然不這麼想。我在最不好的時候跟他交往，他跟我在一起的時候也是他最低潮的時候，我們兩個人是彼此的浮木，其實我們都知道，但這也是我們那個時候能夠做的最好的選擇。

我們除了同行、同興趣、同樣的高傲與孤僻之外，他算是開啟我靈性的鑰匙，之前我真的不知道什麼叫做靈性，總覺得靈性這件事，都是一些怪怪的人在說的。

他介紹我看了很多靈性的書籍，我相當地意外自己竟然這麼喜歡，每一本靈性的書都讓我看很久很久，書籍裡面一些文字以及生命的道理，讓我超級有感覺，我好像一節火車，慢慢找到自己往前走的軌道。

因為他的關係，我認識了一些對我之後影響相當大的瑜伽姐妹們，安妮的課程就是他介紹的，我甚至因為他，去了內觀中心閉關十二天。那段時間因為突然大量接受心靈課程，我身邊的人與家人都相當不習慣，甚至可以說他們很不喜歡吧，因為如此，我們兩人的關係更深入，也更糾纏、孤立，我常覺得全世界就只剩下我們兩個人懂得彼此的語言，可想而知，後來跟他分手對我的震撼有多大。

我的世界垮掉了。

我不能吃、不能睡、不能思考、不能工作，我每天做得最好的一件事就是想盡辦法抓住自己不要衝去堵他。

失去他的痛苦，除了因為我覺得連跟他都不能善終還能跟誰相處之外，我也強烈懷疑自己是不是一無是處，連最擅長的戀愛都輸得這麼難看。

雖然我們分手了，但我還是想盡辦法地想要挽回他，所以我們的互動還是很頻繁，別人眼中看似我們倆復合了。我不知道他是因為對我帶著歉意，所以繼續跟我有如此的互動，或者他就是一個這麼特別的男生，但認識我的人都知道，當時我是用盡全力想要挽回他。

我們每年都會跟我的瑜伽姐妹們去一位導演家跨年，那個晚上我試圖跟他深談，很明確表明我想要復合，但他堅決的態度讓我幾近崩潰，我第一次在這麼多人的面前痛哭失聲。所有人都在庭院外面喝酒、聊天、看煙火，我在房子裡面一直哭、一直哭、一直哭，一個姐妹在旁邊陪伴我，她也跟著淚如雨下，不過她是笑著落淚，她說：「妳的憤怒好有力量喔，震得我胃好痛，如果這些能轉變成幫助別人的力量，妳一定可以幫助很多人。」

當我開始跟我那群瑜伽姐妹相處的時候，她們常常會說出一些讓我非常翻白眼的事情。

例如，我很習慣在大家一起吃飯的時候，詢問大家要不要吃這個？要不要吃那個？她們會跟我說：「妳就點妳想要吃的啊，幹嘛那麼在乎人家要不要吃！」

我當時都會覺得，她們真的很沒有禮貌耶，詢問別人的意見不是一個非常得體的事嗎？她們怎麼那麼自私啊。

我雖然心裡這麼想，但也常常因為顧及別人而沒有點到自己想吃的東西，付錢時付得很不爽，我那時也沒有發現，我在乎別人對我的評價勝過自己的需要。

她們也常常會說我就是個「假面超人」，我總是習慣性地維持一種制式化的笑容，再怎麼不爽都會堆起這樣的笑容，很社會化、很演藝圈，就是要討人喜歡的那一種，很不帶感情的。

她們常常跟我說，丁寧妳不要那麼愛做反應好不好，妳多花點時間感受自己，不要任何事都要說些什麼！

那時候我怎麼知道什麼叫做「感受自己」，我的腦子很忙，忙著準備接下對方說的話，來個聽明的回答，或想著說什麼話來證明我的聰明！我一直在關心外面的世界，哪能感受自己？

她們常常跟我說，我應該找安妮做個人諮商，她們跟安妮上課很長一段時間，幾乎每個人都跟安妮做過一段時間的諮商。不過，那時我覺得她們到底是在不爽什麼？她們一定嫉妒我長得漂亮、瑜伽又做得好，還交了一個那麼帥又比我小八歲的男朋友，她們就是在嫉妒我！

那一次的失戀太過痛苦，雖然當時的我很窮，但整個人快瘋掉，行屍走肉無法正常生活，真的走投無路，諮商看起來是唯一一根救命繩，我只好借錢去做諮商。

感謝這根救命繩，把我拉上天堂。

瑜伽教我的事（二）

回到當下！瑜伽的開始！

——瑜伽經

之前特別說過身、心無法分離。很多人跟我訴說他們的憂鬱與過不去的痛苦，聽完我的看法後，他們常說：「聽起來很困難……」

我都會說：「先開始練習瑜伽吧！至少這是你現在唯一可以為自己做的最好的開始，身體的改變會慢慢影響心的感受，心的改變也會支持練習的狀態，兩者不斷的交互影響，時間到了，你就會看到自己面對以前的痛苦時，感覺已經不一樣了。」這是最穩定與保險的持續改變。

當你開始做瑜伽來照顧自己，表示你也開始願意為自己負責，為自己的身體健康與內在的健康負責。任何時候都是最好的開始，身體的肌肉每天收在縮短，器官都在退化，練習瑜伽至少可以為你的身體保持在現在的狀態，不至於隨著年紀快速衰壞。

建議大家可以養成一個習慣，當你坐在這張瑜伽墊時，請將今天還沒處理好的事或未來的事暫時放在門外，當你腳踩在瑜伽墊上，像啟動一個按鈕，關閉外在的注意力，讓心思回到你的身體上，百分之百將注意力放在自己的身體上，看看這個陪伴你經歷許多歡喜憂傷的身體今天好嗎？今天是什麼感覺？今天哪裡緊緊悶悶的？今天好嗎……？

身體是我們此生最好的朋友、戰友、老師，從不抱怨、缺席、耍賴，或遺棄我們，但你有為它做什麼嗎？你有好好照顧它嗎？你有感覺過它舒不舒服、快不快樂？你知道你的身體也需要像你的心一樣被安慰、被關心、被愛與被了解嗎？所以，無論現在有多天大的事在等著你去處理，都請關上門，請將這堂課獻給我們這個了不起的身體。

同時請感謝生命中所有發生的事與遇到的人，因為他們，讓你有機會站在這瑜伽墊上學習。

我們總是喜歡從靜坐開始……

我總是邀請學生們早點進教室，我們可以靜坐久一點。

輕鬆地坐在一個舒服的位置上，你可以簡單散盤、喜悅姿、半蓮花都很好，如果覺得背伸不直或有圓背的感覺，可以在坐骨下墊個抱枕或坐在瑜伽磚上。常會有學生不喜歡用輔助的工具，或覺得別人沒有我也不要用，我們總是提醒著讓自己適度的舒服一點是好的，就像在生活中，有時也是需要別人的幫助；有人向我們求助，我們也會願意伸出援手一樣，就欣然接受吧！再說別人怎樣是別人的事，「將注意力轉回自己身上！」瑜伽的學習開始！

安靜坐一下，感覺一下自己，只要你願意安靜下來看著自己，再怎麼混亂的情緒，終將會慢慢塵埃落定，並且使用非暴力的態度與語言來對待自己。

瑜伽之光 Iyengar 曾說：「這裡所說的非暴力，不僅是對殺生否定的觀念，還有更廣闊的觀念，即是愛。暴力是一種精神狀態，暴力因恐懼、不安、軟弱、無知而產生，要制止暴力，就要從恐懼中解脫出來，改變生活觀點為心智重新定位。當人學習將自己的信仰依託於現實與觀察，而不是無知與假想，暴力必將減少。……伴隨暴力而來的是憤怒，會使人們貶低自己的精神，使心智無法看到遠處，也使人判斷出現缺陷……」

暴力的定義，不單只是肢體動作上的，還包括精神與言語暴力

什麼是精神暴力？壓迫恐嚇讓人沒有自由意志、負面的語言與態度、貶低他人放大自己……，包括你對自己的批判要求，強迫自己成為誰誰誰，或說出不真心的話語，都是對自己的一種暴力，而言語暴力呢？

我很感謝安妮，她花很多時間教導我們什麼是非暴力語言。

所謂的非暴力語言就是正面不壓迫的話語，所有說出來會讓人心有壓迫的，都是暴力，都是一場不需要的對談。語言是充滿能量的，不要以為你隨便脫口而出的話沒什麼，有意無意的話語都代表著你個人與你的潛意識，你的心智存在語言的能量裡，同樣的，管好語言使用，你的內在也會被改變，這是改變自己的第一步。

跟人的相處也是，若是語言造成第一時間的不舒服，對方就容易關上心閉上耳，你便無法傳達你所想的，當然也說不上溝通的效果了，這完全是吃力不討

好的事，何必呢？再說你對別人如此，對自己也會是一樣的，你的身心承受你自己的暴力語言，造就你現在對待世界的方式。日常生活中也可以花點時間觀察自己語言使用的方式與用詞，觀察是改變的開始，絕對沒有「隨口說說」這件事，你所說的，都是你的內在想法。

我記得自己剛開始練習瑜伽時看了一本奧修的書，在跟姐妹們聊天時，白目想秀秀自己的上進與博學，便脫口說了一句「我不喜歡奧修，因為我很禁欲」。這句話引起姐妹們極力探討爭論，我被念到實在不知要說什麼時，便說一句：「哎呀！我沒有什麼意思，只是一句過場話而已，沒有意義的。」想快滑過這一切。

「任何一句話都有意義！就像人不會無緣故打噴嚏，妳說的每一句話，都是妳內在真實的顯像，生命沒有『過場話』這件事，妳應該想想，妳為什麼會說這句話，妳的內在真實是不是跟妳說的話剛好相反？」我當時真是氣得快昏過去，我都想軟化這場爭辯了，竟還不放過我！之後，我很感謝姐妹們沒放過我。

我花了些時間檢查自己，過去那段時間我很放任自己，但內在並不接受自己的放任，還是想讓人覺得我是個謹慎的好女孩，所以用反向的言詞來試圖覆蓋我真實的作為。感謝她們拆穿我，我才有機會看見並接受自己的真實，才有機會改變自己，生命中有這樣的姐妹真的很幸運，但這也是幾年後才覺察到的事。

還好，不晚。任何時刻有機會覺醒都是最適合的時機。

生命中有時發生很多事，在當時我們或許並不了解，不過沒關係，不急，只要願意開放空間讓這些事件流過我們，時間到了，我們自然會了解；即便不了解也沒關係，我們就是經歷過這些事了。

非暴力的語言有：你做得很好、沒關係、感覺你的感受、擁抱你的感覺、很好、任何選擇都是最好的選擇、沒有過不去的、你盡力了、放鬆、打開、有力、擴張、自然呼吸、等你準備好了、臣服、融化、接收、釋放、經驗這感受、找到自己的界線、跟隨你的心、溫柔均勻的呼吸、鼓勵、相信、延長、提升、再多一點點……。這些詞句光是說出來，就有一種舒服暖暖的光亮。

暴力語言：你很沒用、我就知道你不行、快一點、你做不到的、事情絕對不會順利、緊繃、你一定要很努力、你做錯了、不要掉下去、垮了、出力用力、向外擠、憋氣、看著鏡中的自己、倒數計時、競爭、堅持下去、ㄍㄧㄥ住、忍耐、會過去的、不可以放棄、動作快一點……。這些，一聽就有硬硬刺刺的壓迫感。

語言代表你這個人的內在力量，你說的話可以拉人一把，也可以把人推下山。你必須決定要成為哪一種人

今天工作，梳化都是我的老搭檔，所以我們就一直聊天一直聊天。

我聊到極地馬拉松選手陳彥博，覺得他讓我感到非常有力量，他的紀錄片裡面有一句話超級打到我，那個畫面他正在穿越一個像峽谷的地方，GPS好像出了些問題，他又累又迷失方向，他說：「全世界都不知道我在哪裡了！」

他熱愛的事，即使可能超出他生命可以負擔的，也在所不惜，這樣的熱情很感動我。

「不過，我聽一個醫生說從事極限運動的選手都活不久。」髮型師說。

「可能就是那醫生自己不喜歡運動吧，或是他的女朋友有被極限運動的選手搶走過，這樣子的話很沒有依據。」我覺得很瞎。

「那個醫生說每一個人的身體都有一個限制，你不可能超過你的極限。」髮型師很認真。

「你每個時候、每個階段的極限都不一樣，只要有持續不斷在練習，你所謂的限制就會慢慢地擴展，這是一定的道理。」畢竟我是學體育的，然後我感覺到自己有一點生氣那個醫生。

「話說回來了，我覺得當你的工作愈是專業，或者你的工作是有權威的人，說話就要非常非常小心，你可以帶給人希望，也可以斷絕他的希望。我之前問過我的一個醫生朋友，你們說話都一定要這麼悲觀嗎？他說：『當然啊，如果我說你還有三年的時間，結果你半年就掛，你的家屬一定會跑來找我麻煩，把失去你的悲傷跟憤怒往我身上丟，說是我的錯所以你早走了。如果我說半年，結果活超過三年或更久，你一定會跑來感謝我，說我是神醫。』」

「對啊，我那個貴婦客戶，醫生說她不孕，她整個就自暴自棄，把自己吃胖到一百多公斤。」化妝師說。

我四十二歲時醫生也這麼說，說我不可能自然懷孕，要我考慮人工受孕，我還不是生到四十七歲。

「我覺得包括老師都是，我們這個社會也賦予老師太高的地位，有時候老師一句話會影響到小孩子一生，我是覺得在這兩個位子上的人說話要非常非常小心，常常要覺察自己是不是帶著某種偏見跟目的在說話。」

「對啊，這兩種人都是我們常常必須遇到的，那我們真的很容易被誤導，該怎麼辦？」髮型師說。

「你必須要有自己的想法。你要小心這個社會的集體意識，其實只是大家懶惰不思考所造成的。特別是所謂的專家說的話，不要照單全收，你自己也要思考，也要找資訊再判斷，你必須相信你自己。再說，你覺得活得久比較重要，還是活得像你想要成為的那個樣子比較重要？」我問。

我們必須要為自己的人生全盤負責，我們必須要判斷，必須要去不斷感受，什麼樣子的決定對我們是最好的。

至於那雙把你推下山谷的手，你也無法怪他，因為你也是自願讓他推下去的。只是，我相信能量是會回溯的，你因為他而斷絕了希望，這樣子的負面能量，也會回到那個人身上。

同樣的，你帶給任何人一句希望的對話，這樣的美好也會回到你自己身上。所以我常常嘮叨一句話，「你現在經歷的一切，都是你自己創造出來的。」我們自己是一切的源頭，大家善用語言的力量，就能成就自己想要的人生。

你幾歲開始做瑜伽，年紀就停留在幾歲！——瑜伽界名言

每個人都希望自己美麗美好，但如何追求美麗，是一件需要智慧的事。多數人會尋求方便的方法來完成，像是透過「外在的力量」讓自己變美，這對我來說是有風險的，因為你養成了依賴，當一個人依賴習慣了，自然沒有自信，而且，一旦花太多精神注意外在，當然就關心不到內在的需要。對我而言，外在的改變是必然的、一定會發生，一如四季，冬天來了就要穿上毛衣，年紀到了自然會有皺紋。

我相信人要美麗就要內外平衡，譬如有人說，看一個女人給人的感覺，就能知道她老公對她好不好，再華麗的衣裳、再厲害的妝，都蓋不住妳的悲傷，妳或許能讓臉皮緊繃，卻無法讓心光滑，相是由心生來的，本人也用過很多貴森森的保養品，那時也並沒看起來比較年輕，當然也沒比較快樂，我覺得接受自己的幾條皺紋，比擔心自己老去來得輕鬆得多。

我聽過一位國際名模的母親說過一句話：「整形？那可行不通，我花了那麼長的時間讓自己長成現在的樣子，怎麼可能去破壞它！」這位長輩五、六十歲吧，身材健康均勻，臉上的皺紋沒讓她顯老，反而是一種很自在、很享受現在的感覺，就是覺得她漂亮。這是我那時期聽到最有智慧的一句話，在滿街醫美診所的當代，這句話當頭棒喝，我期許自己未來能像她一樣有智慧。

智慧讓你活得更清晰明白，知識讓你了解該如何對治自己的問題，即便你需要或想要在臉上、身上做些什麼，也不至於太過沉溺而失去方向。智慧加上知識，所有的問題都能迎刃而解，面對自己外在是這樣。現在就讓我們一起進入練習，從身體操練著手，進而開始練習心的操練，慢慢進入身心靈平衡的道路。

運動跟做瑜伽有什麼不同？為什麼需要做瑜伽？

運動是透過現有的心智鍛鍊身體，瑜伽是透過身體的鍛鍊啟發心智，這個心智的空間會是無限的。

之前我問了第二次瑜伽師資的老師相同的問題，他回答：「兩者都會藉由身體的練習創造出能量，不同的是，運動創造出來的能量，會跑到你習慣的地方去，例如，你的腦子充滿性，性衝動是你最難控制、最脆弱的部分，運動後，你全身充滿能量，自然會跑去你腦子『想要』的地方，所以性衝動會更強烈。

練習瑜伽必須放下腦子的思考模式，專注在身體與心的感受上，也就是不斷地擴張與感受你心與細胞的能力，加上呼吸的淨化排毒，練習瑜伽創造出來的能量會流到你身體『需要』的地方。」

我以前的心智只是想拚、想衝、想變強壯，並不能看到真實的「需要」，那時的需要，其實只是接受自己原來的樣子，不過，那不是我當時的智力所能理解的，我只是用社會教育我們的方式來選擇，或說我根本沒選擇，因為我們是被灌輸「要強壯」這樣的概念長大的，沒有人教我停一下感受自己真正的需求，所以那時候的我覺得我的不快樂，是因為我不夠強壯！我當時的心智是如此。

我用我的心智要我做的方式去努力，瘋狂上健身房讓身體變得強壯，但我並不知道，同時我將一層層盔甲不斷披掛上身，壞的事傷不了我，當然好的感覺我也體會不到，我一邊關閉我的心假裝強壯，一邊繼續讓自己更強……，但心持續脆弱。

這就是用「現有」的心智鍛鍊自己的風險，雖然看起來保持自己不繼續往下墜落，但同時也在某個程度上封閉自己。

我的經驗是，我愈來愈不快樂，愈來愈不知道自己為什麼受苦。

這也是我進入瑜伽後著迷的原因，我終於了解我的不快樂其實是來自我自己，一如在愛情上沒人能給我安全感，除非我自己已經有了安全感。

我們的心智像一匹野馬，美麗、強壯、充滿潛力、不受控制，心智的力量可以超過身體的侷限，可以創造更大的美好。當然，摧毀的力量也超過想像，正因如此，心智的掌控何其重要，所以我們需要鍛鍊心智，透過心智來了解真正的需要，了解帶來清澈，清澈帶來信任，信任帶來放鬆，放鬆之後，內在的潛力就能被開啟，心智的力量就會更擴張，你會訝異自己內在的力量如此強大美好，你可以成為任何你想成為的人，過你想要過的生活，你是可以掌控你的人生的！

況且，當身體成為一個鍛鍊心智的管道，其實，你就不再那麼寄託於外在的美好。

我的朋友問過我一個關於體態問題：「所以妳覺得瘦不下來不是身體的問題，是心的問題囉？」

可以這麼說，但我覺得更完整的說法是，「是自己與自己的關係出了問題。」

也許你會問，自己跟自己有什麼「關係」可言？自己就是自己，我就只是我，關係這一詞聽起來比較像有第二者或第三者存在。

你真的確定你只有一個你嗎？為什麼有些時候你覺得自己太棒了，有些時候卻又有一個聲音在罵自己醜、沒用、對社會沒貢獻；有時你有一種很純潔守身如玉的感覺，有時候卻又很希望來個一夜情或3P，有時慈悲到連路邊的野狗都捨不得趕牠，回家卻跟老公惡言相向或冷漠以對……。我們的內在裝了許多不同人格，在你不懂得它們是怎麼一回事，或不知道該如何跟它們相處時，常會覺得自己怎麼這麼奇怪，為什麼跟別人不一樣，但大部分人就是會因為怕被別人發現自己的混亂或不一樣，所以選擇跟隨社會大部分人的模式來生活，或演出來讓別人看，因此會常常說出言不由衷的話。你的表達代表著你這個人，當說出來的話不是真實的你的想法時，親愛的，「你在哪？」

說出真實的話語時，我感覺到自由。——電影「姐妹」

我以前跟大家都一樣，生活中努力地配合別人，即便自己內心感到不高興。

但經過多一點的瑜伽訓練體驗後，我才知道，我之會所以會如此配合別人，還不是希望別人多愛我一點、多說我好相處之類的話，我是在討取別人的注意、別人的愛，我很怕消失在一個團體裡，我需要別人的重視來肯定自己的存在，因為那時我並不知道我不愛我自己。

但如果你都不愛自己，別人怎麼會愛你，或是如果你都不知道自己要什麼，別人如何能給你你所需要的愛與鼓勵？如果你不快樂，你一直在做不想做的事，做完又累、又後悔、又責備自己，又很難原諒自己……。親愛的，這一切，都跟別人無關，這是你跟你自己的關係出了問題。

我們一起來檢查你與自己的關係：

常常覺得自己沒用？

做錯一件事會責備自己很久？很難原諒自己與別人？

很喜歡批判，也容易嫉妒別人，不相信有人能這麼美好？

跟朋友聚會過後，會覺得自己表現得不是很好？

常覺得如果我的胸大一點、瘦一點、鼻子高一點，人生一定會比較好點？

別人誇獎我時，會覺得這不是真的，只是有求於我，或奉承我，或心地善良？

覺得我這輩子瘦不下來了？

一直減重、一直復胖，一直嘲笑自己？

看著瘦子心裡說：「因為遺傳，因為我骨架大，因為體質不一樣！」不過還是羨慕得要死，心想瘦子一定吃很多減肥藥、做很多手術？

常常買減肥食品、藥品或用品，相當注意減肥資訊？

常常大吃大喝完更討厭自己？

不相信男友或老公會忠誠對自己？

做愛時比較在乎對方的感覺？

冰箱沒塞滿食物沒安全感？

常常吃很多時還不知道飽，等有感覺時已經撐到想吐？

還要再列嗎？可以寫三頁。

如果有一半以上說中了，親愛的，請給自己一個機會，學習愛自己，建立自己與自己的關係。

當你跟自己的關係不好時，會影響你的人生很多層面。我在一次怎麼想也想不通的戀情破裂後，去做了幾個月的身心靈諮商，才發現我跟自己的關係真的很糟，我不信任自己、不期待自己，我一直在批判自己！我覺得我的不成功都是我不夠努力，或是認為愛情是我成功的絆腳石，所以只要工作不順，我就會想跟當時交往的人分手……。剛剛列出來的那些，我都有份，真的是我！幸運的是，那是已死掉的我。

當你「願意」讓老舊的部分死掉，就會長出新的部分，長出新的你（畢竟人體的細胞一天會死掉幾百萬個，然後再長出幾百萬個，每天的你，都是全新的你）。

如果這次你真的痛下決心要開始改變，並且把過去的一切，當成自己最後一次老舊的機會，親愛的，請跟著我，從現在開始，重新學習「如何愛自己」，當你願意開始愛自己，你就推開這套課程的大門了。

「愛自己」

「愛自己」

「愛自己」

第三課

世上沒有意外！所有發生在你身上的事，都是要讓你成為更好的人

在一個天氣不好不壞，看不出有什麼異狀的日子，情緒也一如往常的那一天，我的生命開始轉變了。

我的貴人男友（前面說到的那位）說服我去上一堂「特別」的瑜伽課，其實我是不願意的，那時的我是健身狂，一星期三次、每次四小時的健身，讓我能量衝上天，我的肌肉跟我的腦子一樣強壯！超級強！雖然那時候我並不喜歡自己，但總覺得強壯，至少別人就無法欺負妳。會去上瑜伽課純粹

是有一次我穿件背心，我老闆從後面走來，看到我嚇了一跳，她以為是哪位男藝人在公司，我的肌肉強壯得跟男生一樣，她建議我上點延長肌肉線條的課，所以我只好去做瑜伽。

我不知道那堂課是怎麼了，我的啟蒙老師安妮，她充滿療癒的方式引導我一步一步走向自己，我在一個坐姿金字塔前彎（UPAVISTA KONASANA）的動作中，感受到自己的髖關節充滿了恐懼與悲傷，那恐懼大到我無法控制一直飆淚。課後安妮很開心地說：「太好了，妳開始釋放你的負面能量了！」

「那……那我該怎麼辦呢？」我又慌張、又興奮地問。

「就是繼續做瑜伽，每當這樣的感覺上來時，不要推開它，藉著每次吸氣深深地把那個痛苦、害怕、恐懼、無助吸上來，讓它們更靠近自己；吐氣的時候，讓這種感覺擴散、擴張出去。你的情緒就像你的孩子，孩子沒有分好的、不好的、乖的、不乖的，他們都是你的孩子，孩子壞，你要更愛他，當他得到你足夠的關心跟愛時，他自然會恢復，你的負面能量也就自然會切換成為你需要的能量。」

這些話當時我聽不懂；然而，心的操作要像身體一樣，不斷地練習、練習再練習。

在那之前我從不願意面對我的黑暗面，以為只要視而不見就好，但是我們的身體就像一張SIM卡，所有發生的事、有意識、沒意識、刻意壓抑、隱藏的情緒都會累積在身體裡的不同位置，造成不同的痠痛與緊繃，並且在你有些情緒時，出來把你搞得更難過或讓你做出錯誤決定，嚴重一點就會造成身體更大的病痛。

例如我以前很會聳肩，以前沒注意到，之後觀察自己只要一開始緊張，肩膀就自動提上來，或是手開始握拳。現在我知道了，就會問我自己，怎麼了？緊張？為什麼緊張？怕失敗？又不是沒失敗過！觀察到自己的真實後，我告訴自己，再緊張下去只是繼續維持失敗，不如鬆一點、享受一點，感受現在的感覺，因為這一刻不會再有。我不會失去什麼的，頂多只是再一次失敗；就算失敗，也是跟以前不一樣的失敗，因為現在的我跟以前的我不一樣了！

然後回到自己的呼吸，穩定的呼吸，很快就舒服鎮定多了。

我們不在乎你的動作做得多驚人，瑜伽提醒我們，要在「這裡」、在「當下」，就像一個房子要有人住才能稱為家一樣，瑜伽就是在教你「回家」，回到你心的家。

於是從那天開始，我真正進入瑜伽的修練。在那之前，瑜伽對我而言只是運動；在那之後，瑜伽成了我生命的療程。

當你開始了解自己，也才會開始了解這世界。

所有你不習慣、不喜歡的才是對你最好的，而我的修練也才真正開始。

跟貴人男友在一起那兩年，對我挑戰很大。

當時我的工作也進入瓶頸，因為年紀不小不大，演小姐年紀太大、演媽媽我又不像，很難有適合我的角色；運動型態的節目漸漸沒了，外景主持大家喜歡用新人，我到達一個非常尷尬的階段，像青春期一樣，當然也快活不下去了。

同時期，也因為貴人男友開啟了我靈性的大門，我因此很害怕失去他，非常努力想跟上他的腳步，企圖用另一種型態來困住他、困住我自己，因為這些因素，我去了內觀。

平等心，這樣事情就沒有所謂好或壞的分別了

身邊有許多朋友去過內觀中心，每一個人出來後的感覺都不一樣，不過最吸引我的，就屬安妮

說的：「因為不斷地在淨化，身體與意識的敏感度會增加。」

太好了，敏感度對演員是相當要命的一件事，臨門一腳。

內觀（VIPASANA），這個技巧是佛陀（釋迦牟尼佛）發現的，當初祂就是用這方法在菩提樹下開悟的。此後，祂用祂的餘生，教授人們這套科學的悟道技巧，幫助人們學習如何離苦得樂。

我是為了離苦得樂，為了學習一種方式，來面對總是不容易平靜、不容易覺得安全、不斷瞻前顧後，而且永遠不在當下的自己；我並不是為了修行或悟道接觸內觀。

然而修行的方式千百種，內觀最大跟最有效的原因在於，一般禪修或任何宗教，總是告訴你什麼是真理，要你運用你的想像力與忠誠度來模擬真理是什麼，所以當你的生命遭遇無法與你心中的真理符合時，信念就容易被摧毀，甚至反身攻擊你所謂的真理。

內觀沒這麼多麻煩事！

內觀讓我自己去經驗真理，這跟瑜伽真的很像。

初級課程十二天（最短的，還有一個月、兩個月……），扣掉第一天報到，最後一天離去，總課程為十天。這十天你要遵守一些戒律，吃素、不殺生（包括蚊子）、不偷、不淫、不妄語、不菸酒及任何藥物、毒品。不過，這些事小，最令人難受的是，這十天內你不能說話、不跟任何人有眼神的接觸、不與外界聯繫。生活上的問題需要可以輕聲請教事務長，打坐上的問題可請益助理老師，課程的目的是讓你這段期間完全處在與自己的心相處的狀態，不受任何外在的干擾。

早上四點起床後，扣除吃飯、休息、沐浴，及葛印卡老師開示聽課之外，一天要打坐十幾個小時。早、中、晚各有一小時的共修時間，所謂共修就是大家一定都要進禪房打坐，是一開始上腿就不能亂動的那種；其他時間則為自修，你可以依自己的感覺，選擇在房間或進禪房打坐，也就是說，我們唯一做的事就是打坐、打坐、打坐。

我的課程第一天最痛苦，因為前一天報到睡在十人一間的榻榻米房裡，這對一個睡眠隱私強烈的人來說，一晚沒睡，我並不訝異。還好，之前已經有學過一點禪修的技巧，睡不著就觀照覺察自己的睡不著，不衍生出任何增加負擔的情緒。

四點敲鐘我便精神頗好地醒來，睡不著並沒有造成我的負擔。貴人男友說，起床時的那一段時刻打坐狀態最好，情緒最乾淨。果不其然，我比往常更快進入安靜的狀態，身心相當舒服，一睜眼天空已亮，覺得生命清晰穩定。吃早餐時更是歡欣鼓舞啊，除了都是我喜歡吃的素菜外，更是感激每一口送進嘴裡的菜餚，這都是別人的捐獻與法工（在中心的義工）的照顧，心生驕傲地覺得自己悟性極佳，真是難得的奇才！內觀，根本一點也不苦，反而爽呆了。

然而，天堂與地獄真是一線之隔。

到了中午，在禪房打坐時變得超級想睡，一想睡，身體就晃得厲害，一晃又心生不好意思（也是怕助理老師看見），便責備起自己，愈責備狀況愈糟，身體的細胞更靜不下來，好像每一個都要跳出來打架一樣，我像熱鍋上的螞蟻，痛苦不堪，又痠又麻又一堆無法形容的痛楚……。還是要說，我還真是有點悟性，馬上聯想到昨晚睡不著的狀態。

我告訴自己，接受自己身體所有自然的反應，這不是比賽，我也不會對不起誰，不要再批判自己，只要好好覺察自己的晃動，接受這個晃動，看著這個晃動，但不起任何情緒，像個第三者一樣，只是看著它。不用一會兒，在我停止批判自己後，我不難受了，也不搖晃了。

這是個絕妙的對應感受，一如人生，當你面對一件你討厭的事，希望它快過去、快消失，你的心就生起了負面的感受（因為你期待，期待一切會變好），而負面的情緒，與你認為是讓你不舒服的事，一起在消耗你心的能量，你的心很辛苦，被內外夾攻！

心抗拒的力量，讓你對這不舒服的事更不舒服了，像是一場硬碰硬的仗，兩敗俱傷。

到了晚上，我們聽開示錄音，很奇怪的是，說的內容完全是我今天一整天的狀況，千頭萬緒，所有發生過，或未發生的事，全擠上了腦，群．魔．亂．舞！這也是葛印卡老師說的，當我們習慣依賴的外在感官被關起來之後，腦子就會習慣性地找出許多妄想來填滿這顆腦。不要被這些突來的念頭嚇到，讓它們飄過去，別在意，別起任何負面情緒，它們也都是你的一部分，如同人生中的喜怒哀樂一樣，你看到了就好。

接下來的三、四天，我覺得自己簡直像個開悟的人般清爽，而打坐時漫天飛舞的妄念也愈來愈少了，心很平靜，連走起路來都可以很清晰地感受腳底接觸到地面的種種感覺。因為吃素與長時間打坐的關係，我敏感到甚至可以感覺到小蝸牛爬行在我手背上那細微的疼痛感，真的開心到不行！而當我沉浸在這幾天的清爽愜意時，晚上的開示，已為我後面的痛苦揭開序幕。

是的是的，這就是人生。

葛印卡老師說了一個重點——平等心。

平等心就是對好的狀態，不起歡喜貪求；對不好的狀態，不起厭惡閃避。用在打坐上就是對舒服的感覺不要留戀，也別期望不舒服的感覺快點消失，用平等心接受所有狀態，只要像個第三者一樣觀察這些感受就好。

當時的我不明白，搞了那麼多事來做，不就是要圖一個清明嗎？我就是要這種感覺，不要再回到那種煩躁不堪的情緒。

到了第五天，我打坐的狀態開始不好，但我太迷戀之前好的狀態，一直想盡辦法要把自己調回那時候的好，愈用力，負擔愈重。我開始害怕這一切不會再回來了，我不如自己所想的有悟性，我的每分每秒走得沉重，害怕自己這種明心見性的清澈感不會再有了……。由奢返儉真的難，猶如成功者總是比失敗者更懼怕失敗。

那天，在庭院散步後才突然察覺，哎呀、哎呀，這真是人生的縮影啊，人生不就是這麼一回事嗎？起伏起伏，有起，一定有伏，要如何擺脫成功後的不畏懼失敗，以及失敗者不因失敗本身增加更多負擔，真的就是葛印卡老師說的平等心了。

一切不生起，就沒有滅去的道理

如果我們都能學習將自己的心擺在平常，快樂來時不貪求它持久，痛苦來時也不祈求它快過去，對我們的七情六欲都只要抱著一種「喔，我知道了，原來是這種感覺呀！」這樣就好，也是達賴喇嘛說的：「當心平靜時，好事與壞事就沒什麼差別。」一如同證嚴法師說過：「平常心，簡單的說就是——活在當下。」

接下來的日子，我學習著接受所有生起的反應，不批判、不迷戀，我是我自己生命的觀察者，只是感受著、觀察著，在我的每一剎那好好地活著、走著。

課程結束後，覺得自己輕多了，像丟掉許多包袱。

我知道我的人生不會因為上了這個課而突然大轉變，但我好像隱約中知道，我不懼怕了，我不怕我的生命中到底還會有多少鳥事來折磨我，鳥事是慣常存在的，除非我不當它是鳥事。

瑜伽教我的事（三）

心跟身體一樣，需要不斷地練習

改變心是困難的，所以我們藉由練習身體，進而改變你的心，就算你的心沒有被影響，至少你身體變好了。身心是不斷相互影響的，你的心只是需要多一點時間而已。

「瑜伽是最『科學』的修行方式！」連奧修都推崇景仰的瑜伽始祖派坦迦俐（Patanjali）說。

所謂的科學就是可以經過「去實驗」證明出來，例如熱水加冰水會變溫水；而做瑜伽就是「去經驗」過程，從A點走向B點的過程。實驗是你外在能做的，經驗是你內在能做的，瑜伽是內在的實驗，透過做瑜伽時身體經驗的感覺，可以將它運用在我們的生活裡。

因為你在墊子上的反應，就是你面對生命的反應。

也就是說，若你在做瑜伽時容易放棄，你面對生活也是一樣的，所以透過練習時看到自己的習氣，你就可以選擇改變自己的慣性，進而改變自己、改變命運。

做動作時，身體的痠痛讓我們不舒服，運用呼吸將痠痛的感覺吸進來更靠近你，不要心生抵抗，也不要只想著放棄，透過呼吸，不斷穿過那些痠痠卡卡的點，身體的痠痛感自然會轉移、改變、消失，身體的能力也會愈來愈好。

這猶如我們遇到生命中痛苦的事，逃避與戰鬥都不會讓你更好過，只有願意勇敢地接受它、溫柔地面對它，透過呼吸，願意去感受這個痛苦、陪伴自己的痛苦，並且了解這些情緒都是你內在的孩子，不要排斥，不要將它關在門外，試著打開門（心）去接納，自然的，等它好了，它就會去它該去的地方，移除舊的情緒，心的空間自然會愈來愈大，一如你身體的能力。

所有你在練習瑜伽時的狀態，基本上就是你面對人生的縮影。

例如，每次要練習一個新動作，你的第一個感覺是什麼？

喔！做起來好可怕，我一定沒辦法！還是願意去嘗試？

當你感覺累了，你會有什麼反應？撐著繼續做？或是尊重自己？

身體痠緊時，你是急著想脫離這痠楚？還是願意深深地呼吸待在這痠痛裡？

動作做不到時，你有想過，你的做不到是因為肌肉的條件不夠？或者只是恐懼？

工作（操作）「心」比較難，從身體開始比較簡單。

很重要，所以再說一次！所有你在瑜伽練習上會出現的反應，就是你在生命裡遇到困境時的反應！

有一位練習十幾年的學生，就是做不到側平板，我鼓勵她時，她說她做不到，因為手臂沒力。

「沒力的不是妳的手臂，而是妳的心，妳只是害怕而已。」

「試著專注在現在，試著相信我的引導，失敗的是過去的妳，但並不代表現在的妳不行。給現在的妳一次機會，證明妳已經不一樣，只要注意觀察妳進入動作的過程裡，所出現的反應就好，能不能做到真的一點都不重要，做到也不會讓妳人生更美好，但多了解自己，妳就能過得更好。」提醒她用現在身體的智慧帶領自己，就算受傷也不會太嚴重，她第二次就成功了。

我們一點也不在乎，腿能不能跨到頭上，我們在乎的是，你在練習過程中，什麼感覺出來影響你或幫助你，過程才是我們能更了解自己的方式，瑜伽是一個認識自己的管道。

就算你不想碰觸什麼心靈，或了不了解自己的事，至少你將身體照顧好了，你的身體就會開心，你自然也會覺得神清氣爽，以後如果有機會，或是我們常說的緣分到了，該往裡走就會往裡走。

練習心的四部曲

心是如何在影響我們身體的能力？相信大家都知道，悲傷或憤怒這些負面情緒會令人快速老化（太嚴重還會致命）；而談戀愛的人，無論幾歲，看起來就是容光煥發，當「心」的狀態在不同的情緒裡，就會有如此天堂與地獄般不同的呈現，心念可是從頭到腳全盤影響著我們。我常在課後跟學生們聊天，剛跟我上課的同學，聽到我說到他們的個性狀態都相當震驚，問我是會算命或看面相嗎？

其實不難！從他們走路的姿勢、問的問題、說話的方式、臉部的表情、身體緊繃的位置、痠痛的地方，與做瑜伽的狀態，都在在顯示生活模式與內在的真實，完全騙不了人！

我們的外在，是內在的呈現，也就是說，
內在世界創造你的外在樣貌

身體上的反應相當明顯，前面我們提到，全身的細胞都在接收自己的情緒反應，當你處在負面的氛圍下，細胞會緊縮（就像心情不好吃不下飯一樣），身體的新陳代謝變緩慢，血液吸收氧氣的功能降低，排毒的能力也跟著減弱，那時的你就變成一灘循環不良的沼澤，好的也進不來，壞的也排不出去；相對的，當你全身充滿正面能量，細胞就會活躍愉悅，你的代謝快，燃燒的熱量變大（開心時是不是心跳會加速，全身通紅），身體含氧量高，排毒迅速，身體就會像一片海洋一樣充滿生氣、流動順暢，生理上是如此。

美國著名的精神神經免疫學科學家甘蒂絲・柏特（Candice Pert）提供了一個科學上的突破，她發現那些含有情緒的分子，是分布於人體全身，而不是傳統老派科學家以為只存於頭腦裡（難怪談戀愛時，手碰到對方就有觸電的感覺，因為愛的分子是流竄在全身細胞中的）。

我以前比較重視心靈層面，但那時的我，真的也沒有比較快樂，反而比較傾向某種逃避，逃避我所到達不了的外在境界，或解不開的內在問題。這幾年自己比較成熟後才了解，無論你是著重在哪一個層面，精神？物質？性？外在？太過偏頗就是不好，人要在一個「身、心、靈」平衡的狀態下才會平靜開心，才能好好發揮自己的潛能，也才有能力為家人、朋友或這世界付出。

我們常跟學生說，不要執著於想得到什麼心靈提升，有就有、沒就沒，至少做瑜伽會讓身體變好，身體好，心自然會跟著舒爽，當心是處於舒服放鬆的狀態，就會觀察到或接收到內在的感覺，自然一步一步更接近自己的真實狀態。然而心靈的問題，有時候只是時間未到，當時間到了，便突然開了或懂了，每一個人的時間點都不一樣，而且就算時間點一直沒出現，也沒關係啊，你有在關心自己的心就好。

奧修說：「你所尋找的光亮就在你裡面，往內去探索，這不是目的在外面的旅行，而是往內在空間探索的旅程。你必須進入你的內心，你正在尋找的力量已經在裡面，鑽石沒必要被創造，它早在那裡，只不過掩蓋上頭的一層層的淤泥需要被清除。」

他說的是，其實我們每一個人的內在力量都一樣，都跟達賴喇嘛、泰瑞莎修女、甘地……那些我們景仰的偉人尊者一樣，而那些層層掩蓋我們真性的，就是一些社會教條、物質欲望或別人的期許與小我在作祟，偉人們只是找到清除淤泥的方法，看到鑽石，將它捧出來發光發亮而已。

這幾年也有很多書都在不斷強調心的力量，都在告訴我們，我們的心可以掌握、創造一切未來與外在世界，既然心念的力量如此強大，於是我想，我們的心當然也能幫我們雕塑生活，只要懂得運用。

我們要怎麼開始使用心的力量呢？

心是來平衡物質的拉扯，
幫助你不迷失在物質的欲望裡而失去自己

有時我們會把心的感覺或靈性的力量想得太虛無飄渺或高深莫測，其實，所有你看不到但強烈影響你的，都是心靈的力量，例如愛、慈悲、寬容、勇氣……等。有形與物質不會被滿足，欲望總是無止無盡，這就是欲望呈現的型態，一直往下一秒、下一個眺望，總是不在當下，追求物質的欲望就像狗想咬到自己的尾巴而一直繞圈圈一樣。你可以想一下，你專心存錢買到一個新包包，開心不了多久，又開始計劃存錢買另一個包，那個包無法讓你維持開心太久；欲望就是這種模式在操作，不斷往前滾，當然這也是文明進步的原因之一，但也是現代人不開心的原因。

人不在當下，就像房子沒人住一樣，再怎麼布置得富麗堂皇，就只是一個樣品屋。一間房子，稱不上「家」，所有的價值，也只在房價與裝潢費的高低，脫手時一點也不覺可惜或懷念，因為那只是一間房子啊！

靈性生活就是幫助你回到當下，回到你心的家。

無論外面多麼風風雨雨，我們一回到家總是放鬆又有安全感，不管你房子多小、多破舊、多簡陋，那就是我們的家，有我們的回憶、我們的溫度，並且知道如何給我們自己安慰。在我們得到適度的休息後，就有力量出去外頭打拚，人要開心平靜就要有適度的靈性生活，幫助自己在欲望的洪流中拉自己一把，令你不沉陷其中。

每一個人都能找到自己的靈性生活的方式，只要你願意相信，並且願意向內探索自己，帶著顆好奇心，去感受、享受現在浮現的一切，接受所有來自你這個人的一切，當一個人被自己全盤接受，才會真正的快樂。

以前有一段時間，我超討厭人家跟我講什麼靈不靈性的，當時我並不知道自己並沒有好好照顧自己的心，當然我也不認為，我的不快樂跟靈性有什麼搭軋，只覺得我不適合這個行業，但又不知道自己能做什麼。表演工作不就是我這輩子最想做的事嗎？所以每當我工作不舒服、不開心，我就會進健身房去拚，用鍛鍊肌肉來轉移自己為什麼一直不開心的問題，我愈練愈硬，也愈不開心。在某些程度上，我的肌肉保護了我，也隔離我與外界互動的連結，我總是套上一身盔甲在身上，難怪我很累。

二〇〇七年的印度行對我生命影響極大，我看到自己的盔甲、自己的假面、自己多麼努力在「扮演一個角色」，當然也崩潰了！我的崩潰裡頭有很大的憤怒，我痛恨那些說我假面的同學，他們怎麼可能知道我是多麼辛苦才走到這位置！我是多麼努力在討好別人、保護自己！

安妮跟我說：「不是說妳以前的方式是錯的，是以前的方式已經不適合現在的妳，妳現在不一樣了，比以前更有力量了，妳的舊盔甲容納不下新的妳，但如果妳還繼續穿著妳的盔甲，就像一個大人穿小孩的衣服一樣，妳會更痛苦！更何況，妳已經不需要盔甲了，妳現在更有力量來面對這世界了。」

我像有人拿一盆水從頭澆下去，整個人清晰清醒起來，是呀！我怎麼可能還是以前的我！經歷了那麼多事、那麼多學習，我當然比以前更有力量！學習一個新觀念，就像寄居蟹長大了要換個新家一樣。

我整個醒了，開心的不得了。

然後我開始進入我的靈性生活。

但如果妳沒有我這麼好運，有啟蒙的老師與願意告訴你真相的朋友，不妨試試我的方式進入這個領域與自己溝通，透過工作你的身體來工作你的心。

唯有跟隨你的心，你才不會迷失方向。

使用心的力量四部曲

「問題被發現的同時，也被解決了！」——奧修

習慣是一種神經迴路系統，想要改變，就要改變你的神經迴路系統流動的方式。

如果你真的不喜歡現在的人生，真的想要改變自己的人生，就要走出「舒

適區」，去做任何你「不習慣、不舒服、不適應」的事。

當你不斷地走出「舒適區」，不斷地創造新的神經迴路系統，你的可能性與寬度就愈大，愈能聽進別人的意見，愈能更換新的態度來適應現在的人生，變得沒有任何限制與底線，很有機，充滿各種可能性。

不需要強迫自己馬上了解或立刻做到，特別是當你接觸到一種新（心）的方式，你的身心靈都需要時間去體會、吸收，也需要藉由發生的事件來練習，加上每個人的成長背景與人生境遇如此不同，要改變自己長久以來面對自己的方式，是很需要時間的，持續相信與不間斷地練習，時間到了，自然融會貫通，即便還不很清楚該怎麼做，你也都會比沒有學習前更懂得一些，你需要的只是耐心練習，然後，靜待你的時刻到來。

第一步：安靜下來

每一次的安靜都是為了觀察自己的真相。

可以試著每天給自己五至十分鐘的時間安靜坐著。選擇一個地方成為你安靜的空間，也可以做些小布置，放一朵鮮花，或擺上對你而言能給你支持力量的人的照片，可能是你父母、家人或達賴喇嘛。

坐在一個舒服的位置上，讓脊椎輕輕往上延伸，可以在臀下墊一個小抱枕將下背往上托高。

鎖骨往兩邊延伸，肩胛骨往前推。

肋骨放鬆往身體方向下沉。

等你準備好了，就將眼睛閉起來。如果閉上眼讓你不舒服或沒安全感，可以選擇看著地上的一個點（然後也可以思考一下為何你不喜歡閉上眼？你對未來是什麼樣的感覺？對於你的黑暗面，是不是一直被你自己拒絕看到……），然後，自然呼吸。

輕輕地檢查一下今天身體的感覺，哪裡悶悶的？哪裡有緊繃感？哪裡有黑黑暗暗的感覺？呼吸呢？呼吸的狀態、長短、品質、感受如何？如果你的身體能說話，你覺得它會說什麼？緊張、憂鬱、黑暗、愉快、煩……，無論你感覺到什麼，都請帶著「觀察自己」的態度就好，不需要為自己的發現下任何評語，不要替自己打分數，所有的事沒有好或不好，看到什麼就是什麼，負面能量與正面能量一樣很重要，兩種能量並存，生命才能平衡。

這時你也會發現，你腦中的千頭萬緒多得令你訝異。不用擔心，不是只有你這樣，每一個人都一樣，腦部是設計來「提出警訊」避免受傷的，看起來很讚，但麻煩的是，腦子幾乎只對你恐懼的事記憶深刻，一朝被蛇咬，十年或一輩子怕草繩就是如此。腦部不會自己進化，只是會增加記憶內容；腦也沒有感覺，腦子只處理有形、有邏輯的事物，腦子的習慣是得不斷找一個能注意的焦點，不斷有對象可以投射；腦永遠不在當下，腦總是要不停向前思考，並且將過去的恐懼拉回來恐嚇自己，是一種看到影子就開槍的概念。

腦子的思考模式跟我們在追逐欲望是一樣的，不是在過去就是在未來，無止無盡無限上綱。只用腦生活的人，不是活在過去，無法走出既定模式，就是只眺望未來，不切實際，無法享受自己努力出來的成果。

這兩者都一樣可惜，但我們也必須尊重這個身體創造的機制，我們擁有身心靈不同的模式，這些都在顯示每個模式的重要，我們只是需要學習平衡與整合這些不同層面的能量而已。

試著去接納自己的千頭萬緒，看著自己的千頭萬緒，讓每個思緒像雲飄過就好，下朵雲飄進來，就繼續看著它，然後再讓它飄過去，不要心生抗拒與延伸故事，像一個母親低頭看著不斷吵鬧的孩子們一樣，慈悲、寬容，充滿愛。

當你的大腦稍稍安靜下來（它真的一直都很不寧靜），你就能清楚地感覺到身體的狀態，看到，就好。看到，就接受。不批判、不評分、不期待自己成為什麼樣的人……。每一次花時間感覺自己的感覺，就像在為心靈去角質一樣，當你的心保持光滑，就容易清楚地感覺到自己真正的需要，就不易累積情緒，也不會累積痛苦；沒有累積，沒有殘餘的情緒，也就比較能覺察自己的問題出在哪裡。

奧修說：「問題被發現的同時，也被解決了！」

之前聽到這句話，總覺得怎麼有可能。經過不斷地練習、練習、練習覺察自己（很重要所以要說三遍），我漸漸能清楚地看到問題，清楚地知道都是自己在搞自己，跟誰誰誰無關。我會害怕恐懼，不是某件事帶給我的感覺，是我內在本來就有這感覺，只是透過某個人或某件事顯現出來而已。

例如我剛結婚時，總覺得跟我先生快相處不下去，常覺得要不是有孩子我早就離開他了。我「自以為」是個正面愛平和的人，但我先生常常搞得我很抓狂，像瘋婆子一樣吼來吼去，是他憤怒的性格導致我如此，都是他不對，我沒錯，我好得很。

有一天看到一句話：「關係是一面鏡子，對方只是反映你的真實。」看到時很傻眼，但我是相信「任何來到你眼前的訊息都是來幫助你」的那種人，我花了點時間感受反思，沒錯！沒人能讓你怎樣怎樣，如同沒吃過榴槤的人，是解釋不出榴槤滋味的，是我自己內在本來就有那些被我硬生生壓抑下來的憤怒情緒，只是透過我先生激發出來而已。

因為我覺得憤怒很醜陋、很不文明、很令人心生恐懼，我覺察到這是來自幼年時父母親的爭吵，母親總是沉默，父親大聲咆哮，於是我長大後只想找一個不會跟我大小聲的人，對方只要跟我大聲一下，我便計劃分手。我的感情總是建立在逃避自己童年的陰影，但是，逃避的，總如影隨形。

當我發覺這件事，就更確定為什麼會嫁給我先生。我是得透過他來療癒我童年的陰影，照顧一下那個當爸媽吵架時恐懼害怕的小女孩。當我看到這件事，深覺這是一個透過我先生很重要的練習，我開始跟他分享我的感覺，並鼓勵他不要因為我的反應，而壓抑他內在的憤怒，讓我們一起練習面對彼此的憤怒。

你所逃避的如影隨形，你所面對的，必定消失。

第二步：尊重自己

尊重自己現在身體的樣子，不要試圖改變它。

我會跟初上課的同學提醒，尊重自己，是瑜伽課最重要的事。

在瑜伽墊上是自己跟自己的事，別人動作做得如何，不關你的事。每個人有他在練習裡要學習的功課，當你將注意力放在別人做得怎樣，就會忘了關心自己，也就容易強迫自己去做別人做的動作，外型可能相似，但內在肌肉與各方面還沒準備好，就容易受傷。瑜伽課不是一場競賽，競爭帶來不平靜，不平靜就感受不到自己，沒有覺察、沒有專注、沒有穩定呼吸、不在當下，那只是運動，不是瑜伽。

我很清楚這種感覺，以前在健身房拚的時候就是如此，事事都想比別人做得好，得到老師們的注目與別人的驚嘆，是我去運動很重要的原因，我成功地找到自己的優越感（畢竟我在演藝圈不成功）。當下練習完，常覺得很High，衝勁滿滿，但也很快覺得沮喪，我的情緒高高低低幅度很大，但沒關係，反正又掉下來就趕緊衝去健身房尋找我的需要，如此反反覆覆很多年，直到我遇到瑜伽的啟蒙老師，在第一堂瑜伽課後感覺到平靜，才知道，這才是我要的人生。

尊重自己，才能感覺到身體真實的需要，才能給予自己有效的幫助。

生孩子後也讓我重新學習如何尊重自己。

我必須承認，以前不想生小孩，除了覺得自己還很幼稚外，深怕身材不能恢復是最大的問題，我喜歡自己健美性感的體態，這樣讓我覺得舒服。

在坐月子期間（我扎扎實實遵循古法坐了四十天月子），我常跟我先生馬修說，我的肚子根本像還有一個沒生出來，看著鏡中的自己很不喜歡，很怕自己就這樣了。那時的我對自己很批判，當我不斷地批判自己、嘲笑自己的同時，我驚覺，這不就是課堂上，我常跟學生提醒的話嗎？我竟然也這樣對待我自己。

月子坐完，我開始想慢慢恢復以前運動的習慣，只是一開始有些嚇到，我的體能變得很弱，身體也很緊繃，這才發覺，懷孕對身體的影響真的很大（畢竟整個孕期我都舒服得不得了），加上我又是剖腹產，身體內部經歷一場大地震，所有被切斷、被分割的，非常需要時間耐心重建。

我就像一個有錢人突然破產一樣，身體與內心都相當相當痛苦。我這一輩子都在運動，也覺得自己的身體機能一輩子都會很強壯，以前甚至無法想像學生為什麼做不到對我說來輕而易舉的動作，我就像一個不知民間疾苦的國王，只會困惑沒飯吃為何不吃麵包。產後我才深深體悟他們為什麼做不到，同時也相信，如果我能恢復到以前的身體能力，所有人都可以，並且我會更知道如何幫助他們。

我開始尊重自己！尊．重．自．己．現．在．身．體．的．樣．子。

不跟別人比較，也不跟自己比較，「更不跟以前的自己比較」，昨天做得到的並不代表今天你也可以做到，我們身體每天都不一樣（細胞每天歷經上千萬的死去與上千萬的新生），每天的我們都是新的，都是個新的開始。練習時，我尊重我的虛弱、我的痠緊、我做不到的，時時提醒尊重每一個當下的樣子。

我重新學習跟自己現在的身體相處，帶著耐心與關心，不厭其煩，無止無盡。

於是，我生了三個孩子，還是穿著以前衣服的尺寸。

懂得尊重自己，你才會知道如何尊重別人，尊重這世界。

第三步：接受自己

接受自己，是改變的開始！

首先你必須知道，你不會莫名其妙地成為現在的樣子，無論你喜不喜歡現在的自己，這都是你自己一手造成的！

你，不是只有一方，還有你跟你自己，這關係跟你與別人的關係型態是一樣的，當你跟自己的關係不好，你就看不到自己真正的需要，就會不斷的責備自己、強迫自己，怨自己為何無法成為想要成為的那個人，並且不斷假想著，如果我瘦一點、鼻子高點、臀部緊實點、有錢點，我就會有不一樣的完美人生。

就像在一段感情裡，最大的痛苦就是試著改變對方成為你想要的那個人，但經驗告訴我們，這是不可能的！沒人喜歡被改變，大部分的爭執都來自於「為什麼你不是我心中想要的那個樣子」，這種關係大部分以分手收場，或是繼續撐著、折磨著，根本不快樂，也可惜了這麼難得的因緣。

跟別人可以分手，跟自己呢？

我必須承認，我的外型的確讓我繞了很長一段路，但這就是我的人生，跟別人不一樣，也因此體會到更多事，所以我成為現在的我。我知道，這是對我最好的狀態，上天對每一個人都有一套完整的計畫，專屬你的。

我們生來就不完美，而追求完美的過程，就是我們生命的學習。

抵抗不但會消耗掉我們的正面能量，還會激起許多不必要的情緒來讓你受罪。

而當你接受了自己，就不會心生抵抗，而且，當你抵抗你的狀態，你就開始抵抗你自己，就把自己當成最大的敵人，請問，你能消滅你自己嗎？只有你自己是一輩子不會離開你的，你的家人、愛人、朋友、孩子，總有一天都會離開你，或你離開他們，只有你自己是你最好的朋友、情人、老師。

◇◇◇◇◇◇◇◇◇

跟自己為敵，就是跟全世界為敵。

接受帶來和解，接受自己是世界上最美的事。

◇◇◇◇◇◇◇◇◇

我以前練習瑜伽常受傷，當然是因為不尊重自己，又犯了強迫的毛病。有一回受傷很嚴重，很多基本動作我都做不來，一開始的時候確實很難受，很難受就又開始批判自己，嫌東嫌西，還好我發現自己又來了，趕緊提醒自己，接受此時此刻的我，並且不要急著變得更好，很願意、很臣服地待在這個不好的裡面，享受這個不好，尊重我的不行。突然間，我發現仰望別人的美好不是一件難受的事，我也得到了樂趣；我同時發現自己內在的嫉妒依然強大，我也就默默地接受，畢竟這也是我的一部分。

接受，帶來寬容與慈悲，當你可以接受自己的不好，就能包容別人的不夠，就不會強迫自己與別人。當你全盤接受自己，你的內在會很開心；開心，身體的肌肉就會放鬆充滿彈性，也會很有信心地進入身體的運動，那麼，改變就會開始發生了。

第四步：鼓勵自己，寬容地對待自己

身體很容易被安慰，也很容易被威脅

身體就像一個反映器，而且是老老實實的反映器，你所吃的、喝的、呼吸的、接觸的，甚至嘴裡所說的、心裡所思所想的，都會忠實呈現在身體上。當你一邊

運動、一邊批評自己有多遜，或哭訴著有多累，你身體的肌群就反映出會疲憊與衰弱，不僅血液循環緩慢，吸收與排毒的能力下降，身體也會像累積過多「沼氣」一樣阻滯不通暢，當然愈做愈累，這也是很多人不喜歡運動的原因。試著把自己的心想成一個小孩，小孩不會因為你罵他或嫌他就變乖變好，教小孩最好的辦法就是鼓勵他，不斷地鼓勵他、愛他，他才有機會成為你心中想要的那個孩子。

於是，當我在做運動時，總是不斷地跟我的身體對話，「你好棒喔！我以你為榮！」、「慢慢來，你已經做得很好了！」同時我也會想像全身細胞都很努力在替我燃燒脂肪的畫面，它們愈努力，我就更加鼓勵它們、誇讚它們，專心地將呼吸溫柔、平均、緩慢地帶到身體所有痠痠緊緊的位置。我的呼吸就是我對自己身體的愛，就是連結身體與心的橋樑，我將我的愛帶到身體每一個細胞裡，即使身體能力沒有快速好轉，我依然不斷給予愛與鼓勵。因此，在運動的過程裡，我心情不但相當愉快輕鬆，並覺得時間過很快，自然就很期待下一次運動。

「當有人送你禮物，並且得到你的感謝與讚美時，他當然樂意再送你下一個。」

最後一步，最重要的一步：愛自己

愛自己！你才知道用什麼樣的方式來愛身邊的人

其實，當你經歷了前面四部曲，你自然就開始愛自己了。

剛結婚時，我跟先生的爭吵不斷，他很沮喪他總是無法了解我需要什麼。我跟他說，「因為你不愛自己，對自己很苛刻，當然不會知道我需要什麼。如果你真如你所說那麼愛我們，請你試著去愛自己，你就會知道我需要什麼。為了我們，請愛自己多一點。」

愛自己聽起來很籠統，如何判斷你對自己好不好其實很簡單。

在點菜時你會不會點你真的很想吃的菜，還是在乎別人喜不喜歡吃什麼？你在一個場合裡比較在乎自己開不開心，還是比較在乎別人怎麼看你？你會常批判別人嗎？那你也會同樣愛批判自己！你常覺得自己不夠？不夠努力？不夠美？在做愛時你會享受其中，還是在意表現得如何？

如果你不愛你自己，給你全世界，你還是覺得別人不愛你；同樣的，當你是愛自己的，即便你身邊沒人，你依然覺得你擁有全世界！是的，一沙一世界，你就代表全世界，擁有自己就擁有世界。

以前我在關係裡，總是不斷地要、不停地要，想盡各種招數來確定對方是不是很愛我，搞得對方很累，我還是很怕，怕老、怕醜、怕沒人愛，無論遇到多麼不同類型的男友，都是以同樣方式收場。

有一天，我突然驚覺，我的沒安全感是來自我自己，跟外在一點關係都沒有，沒有人能讓我覺得安全，除非我自己願意相信我是安全的。我終於願意接受諮商，尋求協助，我受夠我自己不斷在同一個點跌倒，我受夠我自己了！

很幸運，我的諮商師兼瑜伽啟蒙老師安妮，引導我看到我的不信任愛是來自我的原生家庭。第一個理當教我愛的父母彼此不相愛，所以我跟著不相信愛，自然不懂愛，也因為這個機會，我重新跟父母家人和解。安妮鼓勵我，將諮商的感受跟那天諮商的對象分享，同時化解彼此心中的結。

我還記得，當我哭著跟我媽說到那段過去，我媽一如往常叫我不要哭了，我跟她說：「媽，我跟妳提起這事，不是要來指責你們的不是，是因為你們也沒有更好的選擇，如果有，你們不會這樣對待我們，所以，這沒有誰的錯，就是發生了，讓我們一起放下這件事吧！」經過那幾個月的諮商，我處理掉過去的鬼魂、過去的潛意識、過去的傷口，以及過去的陰影，我重新開始相信愛、學習愛，並且成為愛。兩年後我遇到馬修，結婚生小孩。

我常覺得我真是好運，如果沒學習瑜伽、經歷諮商、有一群說實話的姐妹，我應該還是以前那個懼怕婚姻、不相信愛的我吧！

我們的教育很有趣，已經有很多科學實驗證明，我們人所使用出來的潛力只是冰山一角，但我們的教育方式，卻依然停留在給予填鴨，不注重啟發每個孩子獨特的能力。大部分我們所學習的東西對生命課題幫助都不大，再高的文憑也無法將我們從痛苦的漩渦裡拉出來，加上社會的教育，也沒教孩子試著去了解「愛」是什麼，愛的力量是如何運作並建造這個文明，我們把太多注意力投射在物質、有形的世界，連應該教導我們什麼是愛的家庭，很多都沒盡到責任，這樣情況下，我們如何要求或期待在學校裡能學習到愛呢？

用任何形式、手段去取得愛，都是不道德的。

愛不需要向外掠取、愛不需要爭奇鬥豔，愛是一種與生俱來的能力，很公平，每人都有，就像剛出生的嬰兒，不需要具備任何生存技能，就能令你願意為他們把屎把尿，愛到不行。我們每個人都曾是嬰兒，都曾經攜帶如此全然的愛進入人間，你的愛並沒有消失，只是被遮蔽住，一如天空永遠是晴朗，只是有時被烏雲給蓋住，我們需要做的只是不斷練習移開烏雲，一層一層抹掉心口的淤泥，就會看見充滿愛的那顆心，像鑽石一樣閃閃發亮。

而當你愛一個人、一個東西，它也會以愛來回報你，一如你的身體；身體呈現的狀態就是你愛它的方式。

每一個人的心都是一窟巨大的寶藏，所有你覺得需要從外頭得到的幫助，或力量，或愛，只要你願意，低下頭來，安靜地感覺你的心，所有你需要的，都在你的心裡。

靈性力量不只是某些人的需要，靈性所指的只是你的靈魂或心的力量，每一個人都需要內在與外在的力量，均衡生活才會得到真正的滿足（你可以想像如果你除了錢之外什麼都沒有的日子嗎？），如同正餐後的甜點、徹夜狂歡後安靜的一杯咖啡，激烈的商場競爭後回家看到孩子們的笑容一樣……

所有你看不到摸不到，都是我們的心，都是我們靈魂所冀求的，這也是你之所以是你的原因。

讓自己安靜下來，將右手摸著自己的心，做幾個深呼吸，每一口吸氣都深深地膨脹你的心，讓心像一朵蓮花一樣綻放光亮，吐氣時擴大融化你的心，帶著一股力量往下扎根沉靜，感受你心的存在，感受它有一股沉甸甸的力量落在你心口，帶著你對它的愛，請求它幫助你去完成你所想要的。

然後，開始你的第一堂瑜伽課。

第四課

所有到你面前的轉變，
都是因為你已經準備好了，
只是之前你自己不知道而已

跟朋友聊天，她說她一直在一個輪迴與莫名的詛咒裡，能跟她維持久一點的都是有婦之夫，「正常」狀態的人都撐不久。前一陣子她剛與「正常」男友分手，馬上又進入一段三角飯糰的愛情。

「這可能就是我的命吧！只能擁有這樣缺角的愛情……」

「妳當然值得一段完整的愛情啊，妳只是不願意調整自己。」我太知道她了，她只是還在自己的框框裡，不願做些改變，她只是軟弱、任性、自私，所有的不願意改變，都是來自於她的不安全感，總是窩在自己的窩裡，閉著眼假裝沒事。我怎麼會不知道，過去我自己也窩了很久，直到受夠自己了，硬是把自己拉出來。

「可是我跟這樣的人就是很合呀，只是他們都結婚了，我也沒辦法。」

「那是因為他們覺得虧欠妳，所以寵妳、聽妳，愛情在這樣不平等互動下，妳當然不需要改變什麼，他們會來配合妳。」

「沒辦法啊！我就吃這一套。」

沒辦法啊！多令人生氣的用詞，面對自己的人生，怎麼會有「沒辦法啊」兩手一攤的態度，你都放棄了誰能說什麼。

我突然想到毛毛老師寫的人生五洞。

《跟心理的傷痛告別》（*Healing The Child Within*）裡有一首〈人生五章〉的詩。

一、

我走上街

人行道上有一個深洞
我掉了進去
我迷失了我絕望了
這不是我的錯
費了好大的勁才爬出來

二、
我走上同一條街
人行道上有一個深洞
我假裝沒看到
還是掉了進去
我不能相信我竟然會掉進同樣的地方
但這不是我的錯
還是花了很長的時間才爬出來

三、

我走上同一條街
人行道上有一個深洞
我看到它在那兒
但還是掉了進去
這是一種習氣
我的眼睛張開著
我知道我在那兒
這是我的錯
我立刻爬了出來

四、

我走上同一條街
人行道上有一個深洞

我繞道而行

五、

我走上另一條街

再一次看感受還是很深，人生五洞，我們大多的時間都在第一、第二個洞換來換去，都是別人的錯、老天的錯，我很無辜、我很可憐，誰來救救我，我恨這個世界……。我們只是不斷在呈現無法接受自己的失敗，無法相信自己一直愚蠢地重複一件事，我們只是不願意接受，或面對我們也有遜的一面。

但，遜又怎樣，上帝並沒有規定只有很屌的人才有資格留下來。

我想到我跟我的貴人男友。

其實我們早在分手前半年就應該分了，只是我不願意承認。即使妳這麼了解這個男孩，即使妳願意做這麼多配合，這段愛情還是失敗了，這多麼令人覺得難堪與沮喪呀。

但幸運的我，或是說突然靈光乍現的我，選擇進入第三個洞。

是的，我掉下去了，是的，我承認這是我的錯，是的，我馬上爬起來，是的，我選擇走上另一條路。

在第一、第二個洞裡來來回回的都是我們的習慣，我們習慣這個習慣，在這個範圍內讓我們有安全感、舒服、玩起來不慌張。

看到了 就可以有選擇權

有一天跟瑜伽姐妹們吃飯，我聊起了我現在的關係，「我有時覺得，我還是在重複犯著一樣的錯誤，猛然發現只能趕快提醒自己，不要再掉進一樣的洞裡了。」我帶著點責備自己的意味說起這事。

「妳只要知道自己又掉進以前的洞裡，妳只要提醒自己不要再掉進以前的洞裡，就開始替自己負起責任了，那妳已經在別的洞裡了。」姐妹們說。

想起前天錄影是未婚懷孕這個話題，主持人問大家：「如果這是錯的事，你們覺得誰該負起責任，男方或女方？」

以前的我會很認真想一下，該是誰要負責，或是直覺認為這本來就該男人負責。但那天我一點都不需要思考地覺得，是我自己，我自己要負責！因為我已經成年，因為我可以 Say No! 因為我可以堅持我想要的。

有時在新聞上，看到小孩做了觸法的事，家長的說法都透露出「他是好小孩，是因為交友不慎」，所以，還是別人的錯，你的小孩都沒錯，或者你也沒錯。朋友是他們自己選擇的，事情也是他們自己搞出來的，但最後都是別人的錯……。能為自己的決定堅持，且負起全責，才是成長的證據。同時，我也提醒自己，希望自己能成為一個負責任的媽媽，為小孩與有了小孩的我的人生負責，而不是突然有一天抱怨說，因為有了小孩所以不能怎樣、怎樣的，必須放棄什麼的。沒有任何人可以阻撓你想去成就的，決定了就負責，負責了就接受，接受了你才會開闢出另一條更適合你的路，去成就你的人生。

讓我們開始為自己的一切負責，進入第三個洞、第四個洞、第五個洞。

身體的每一個細胞都有記憶，你的身體會記住你所有發生過的事

我承認，我剛開始做諮商是為了療癒愛情上的傷痛，完全沒有想要別的。

第一次的諮商，我卯足全力想要開始處理我的愛情問題。不過一開始我發現跟在電影上看到的情形不一樣，安妮要我安靜下來靜坐，我一坐下，一閉上眼睛，淚就不停掉下來。安妮慢慢地引導我，先檢查一下身體有沒有哪個地方特別有感覺，我一直覺得我的胸口很悶、胃部很緊。那妳可以感覺一下這些不舒服的感覺帶給妳什麼情緒嗎？

我非常驚訝我想到了我爺爺！

「雖然我爺爺以前曾對我造成傷害，不過他已經過世了，而且我一點都不恨他呀。他過世時，第一時間我很難過，但馬上覺得這樣對他非常好，他不用受苦了。這件事我一直以為已經過去了。」

「記憶不是只有在腦子裡面，我們身體的每一個細胞都有記憶，妳的身體會記住妳所有發生過的事。人類的腦部被設計成一個逃避痛苦的機制，所以妳會無意識地把一些痛苦的經驗塞在某個陰暗的角落，就像塞在床底下的一顆爛蘋果，妳沒有看到或者根本已經忘記它在那裡，但它還是繼續發臭，影響了整個空間的氣味。」安妮說。

「但是，我不恨我爺爺啊，我知道他很可憐。」我說。

「理智上能夠理解這一切，並不代表妳沒有受傷。」

我開始慢慢懂得，為什麼我會有這麼多的問題，在感情上，以及在我的工作上。童年所經歷那一切，我都刻意把它遺忘，告訴自己這一切已經過去了，我逃出來了，我安全了。

卻不知道那些過去的傷口都像鬼魂一樣，繼續糾纏著我，繼續影響著我現在的人生，繼續讓我的決定不斷地重演過去的痛苦，這也是我一直認為我得不到幸福的主要原因。

「妳曾經說過，要去跟創造出傷口的那個人和解，爺爺已經過世了，我要怎麼跟他和解？」

「靈魂是可以溝通的，靈魂並不會離開。」

接下來我就不能再繼續寫了，這是每個引導師的專業隱私，第一次諮商讓我經歷了非常特別的經驗。

最後，我跟爺爺說再見的時候，他看著我，我覺得他要我轉告一些訊息給我媽媽，他要我告訴媽媽，她已經盡了她做女兒能夠做的，請不要再責備自己了。

從我認識我爺爺開始，他只穿白色T恤跟灰色西裝褲；當爺爺跟我再見的時候，他穿著短褲配上一件花襯衫與一頂草帽，感覺要去度假了。

之後我打了電話給我媽媽，跟她說這件事，電話那頭她很沉默，過一會兒她才跟我說：「我知道了。」我相信這也療癒了她因為欠債離家十年無法克盡孝道的愧疚。

童年的傷口就是我們此生的功課

第二次諮商我以為可以聊感情，卻開始談我跟我母親的關係。她的確是影響我對愛的態度最大的關鍵，她對我爸爸的恨無意識地一直灌輸給我們，我生命中認識的第一個男人就讓我不信任他，我怎麼會有能力相信任何一個男人呢？

「妳跟妳媽媽的關係怎麼樣？」安妮問。

「我很愛她啊，所以我跟她聊天都只挑她會開心的聊，我不希望她為我擔心難過。」我說。

「所以妳不會跟妳媽媽說妳所有的感覺？如果妳是一個母親，妳會希望妳的孩子這樣跟妳互動嗎？妳跟妳母親的關係，就是妳跟愛情的關係。」

是的，我總是覺得我的伴侶沒有辦法接受全盤的我，所以我總是只表現出我認為他們可以接受的部分，但是我所遮蓋下來的那個部分，還是會常常想要跑出來，所以在關係裡，我總是要很警覺小心，沒有辦法放心。

安妮總鼓勵我們，將今天諮商的內容跟我們所知諮商到的對象分享，「如果妳來找我諮商，就是在這邊說一說、哭一哭、發洩一下就算了，那對妳的人生也沒什麼太大改變。」

於是，我鼓起勇氣跟我媽媽說諮商的內容，我媽媽跟以前一樣：「不要再哭了啦，這一切都已經過去了啦。」

「媽，我跟妳說這些事情，不是要責怪妳，我相信如果當初妳有更好的選擇，妳絕對不會選擇這個方式，就是因為妳沒有選擇了，但是這些事情的確也對我們造成傷害了，我希望我們能夠一起面對，然後一起放下，也請妳不要再對我們愧疚了，妳已經盡力了。」

我不確定我媽媽是不是能夠收下我說的這些話，但是我知道我說出這些話，對我，非常的重要。之後，我期許自己此生只說真心話。

我不希望有一天，我媽媽離開人間往下看著我的時候，發現我有這麼多事沒跟她說。

我也跟媽媽說過：「媽媽，妳此生做過最不對的一件事就是，妳把對爸爸的怨恨灌輸給我們，一直跟我們說，我的父親多不負責任、多不顧家、多不愛我們，他是我生命中的第一個男人，如果我不信任他，我怎麼能信任任何一個男性，我跟姊姊一直不敢進入婚姻，也是因為如此，更何況，爸爸不是這樣。」媽媽沒回答。

你坐在藏寶箱上面，只是你自己不知道，還一直覺得自己很窮

安妮提到，我們跟父親的關係，就是我們跟金錢的關係。

難怪我一直覺得我賺不到錢，一直覺得在金錢上非常匱乏跟吃力；當我萌生念頭想跟父親修復關係，其實是為了錢。

我母親對我的影響真的很大，我的童年裡，父親根本不存在，他一直都在外面忙，忙什麼我也

不知道。有父親在的時候，也就是他們兩人吵架的時候，所以我非常不喜歡會大聲說話的男性，我喜歡的男生都比較陰柔一點，之後我才知道，我無法面對自己內在的憤怒，所以別人的憤怒會讓我緊張害怕，會讓我連結到父母的關係，但是我內在是很憤怒的，憤怒的背後就是缺乏愛，我的童年當然非常缺乏愛。

真的是太窮了，日子過不下去、房租繳不出來，我又不喜歡跟朋友借錢。之後我才知道，會有那些想法，是因為我怕，我也不確定，如果我的狀況不好，朋友們會不會還是一樣愛我？我對愛的理解是有條件性的，當我沒有辦法寄錢給媽媽的那段時間，常會覺得她是不是不愛我了。我對愛一點都不信任，或是說我其實對愛一點都不了解。

愛是不會有任何條件的。

當時的我，生活不好到不知道該跟誰借錢，我想起安妮說過的話，那天坐在車上，心裡一直猶豫要不要打電話給爸爸？我跟他一年大概通不上幾次電話，我對他的存在感受不強。

「好，妳要多少？我明天就匯過去！以後這樣的事情一定要跟我說，我不要你們在外面亂借錢。」

掛上爸爸的電話，我淚如雨下。我忘記自己坐在車上多久，就是一直哭、一直哭、一直哭。過去我一直把父親當成我的假想敵，我一直覺得要很堅強，他才不會像對待我母親那樣對我，然而，原來一直有個很大的力量在支持著我，而我竟然不知道。

那一通電話之後，我成了一個有爸爸的小孩，我動不動就打電話給他，好像把之前三十幾年沒有說的話，慢慢跟他說。我發現，我是一個在感情上不會撒嬌的人，因為在童年的時候，生命中沒有父親這個角色可以讓我撒嬌，我當然不懂得撒嬌。

不知道是不是父親的「出現」，我漸漸的比較不容易受驚害怕，也因為常跟他接觸後，慢慢理解他對父親這個角色的認知，他不知道怎麼做一個父親，因為他的父親也沒有機會教他，他是十三個孩子裡最小的，任何事都輪不到他，而我們總是在潛意識中吸收生命裡出現的畫面，無意識的複製，這也是我們會很像父母親樣子的原因，因為我們會複製一切他們面對這世界的方式、角度、手法、態度。

如果沒有意識到這點，我們所有不喜歡父母親對待我們的行為，就會成為我們對待關係、人，與下一代的方式。

當我與父親的關係和解了，他自然會將一個父親會給小孩的能量，包括所有的自信、安全、穩定、相信、不怕失敗，傳達出來。

與父母的關係，就像一棟大廈的兩根根基，根基品質有多好、能扎多深，這棟大廈就能蓋多高。基本上是如此，不過還是要看父母願不願意與你修復，這也是要看緣分的。

◇◇◇◇◇◇◇◇

當你跟自己和解了，關係好了，你跟這個世界問題就不大了。

◇◇◇◇◇◇◇◇

我跟安妮諮商了好幾個月，都環繞在家中的每一個人，最後一次做完諮商的時候，我隱約知道，好像一切都好了，雖然沒有諮商到任何有關感情的事，但是我已經知道自己怎麼了，我完全不想挽回我的貴人男友，我深深地感謝他堅持分手，這是他對我的愛的展現。

我也相信我會有能力面對我的下一段感情，我知道自己該怎麼做了。

很多人會覺得諮商費用太貴，我卻覺得花個幾萬塊，來療癒你過去長久以來一直影響生命的傷口，是非常、非常值得的，物超所值。

◇◇◇◇◇◇◇◇◇

錢可以再賺，傷口不能一直腐爛。

◇◇◇◇◇◇◇◇◇

瑜伽教我的事（四）

當你決心跨過恐懼
改變自己，
你已經擁有
足夠改變自己的勇氣了

習慣是一種神經迴路系統，想要改變，就要改變你神經迴路系統流動的方式。

我的學生們常問我一件事：「要怎樣改變？改變好難！」與我上課的學生都知道，課程中身、心、靈的比重各占三分之一，但，無論我們怎麼工作身體、練習身體，到了最終都要回到心、靈的安定。

心是家，靈是你的燈塔、你的守護者、你的母親、你的父親、你內在的高我與神性，所以即便你有沒有父母親，你自己的靈就是你的父母。

然而心沒有回到家之前，都是不平靜的，都是緊繃處於備戰狀態的。

十幾年前的我就是這樣，永遠處於戰鬥狀態。我猜測別人的下一步動作，計劃如何說出得體語言讓人注意自己，背誦很多書上的經典字句，顯現我的高度與聰慧，我不相信無條件的愛，隨時都在做最壞的打算，當然，我不會愛自己，也不相信別人會無條件愛我。

我的臉看起來很老氣，因為我的心真的很老。

十幾年前那趟印度之行，讓我完全看到我如何操弄自己，在憤怒與羞愧一整天後，我猶如醍醐灌頂地清楚了一件事：「這沒什麼，過去的習慣已經幫助不了我，讓我重新學習一套適合現在的我的方式吧！」

就是這麼簡單的一個概念，我擁有了連現在的我都意想不到的自在與生活。

雖然說不上什麼立即開悟之類的，但我相信，當你「真的」厭煩了現在的自己，開始意識到、看到，自己不能再這樣下去的時候，你的「意念」便會在彈指間開始反向運作，重新引導一個新的神經迴路系統，而你需要做的就只是練習、練習、練習，不斷練習穩定新的神經系統。

但如何練習呢？我常提醒學生一件事，你現在的生命狀態是自己搞出來的，雖然你不喜歡，很厭煩沮喪，但你已很習慣這樣的痛苦，也覺得舒適，當然最重要的是，你恐懼若是做出不一樣的決定，會不會讓自己更慘，恐懼讓你不敢改變。

但，如果你真的不喜歡現在的人生，真的想要改變自己的人生，就要走出「舒適區」，去做任何你「不習慣、不舒服、不適應」的事。

例如我是一個巨蟹座，對於慣性與舒適區的需求很強烈，我要改變其實有難度，但看到自己的困頓，也真的受夠自己了，我開始從小的地方著手。

第一步便是從觀察自己的一言一行開始。

以前我去餐廳基本上會只會點一樣的、以前點過的餐點，因為我覺得最好吃、最安全；意識到自己這樣的情況後，開始試著點不一樣的，就算不太妙也ＯＫ，至少我嘗試了。我觀察我跟人對談時，會附和、愛發表意見，我現在不這麼做，只是聽，真的只是聽；我以前開車慣性走的路，我改變，走不同的、沒走過的，反正都會到；我以前不會對家人朋友說的話，我強迫自己說出來——觀察自己，然後做出不一樣的反應。

十幾年來我持續地練習，至今依然。

前一陣子我跟馬修在孩子的教養方式上有很大的衝突，我們做了很多溝通，但我發現他有時會重蹈覆轍，以前的我會一直碎念他，突然有一天，我發現這樣的行為其實沒有讓情況改善，我開始學著閉嘴！當我想叨念他時，我提醒自己不要說，笑笑地讓他去處理。

同時，我發現他也啟動了新的神經迴路系統，他自己會調整，也許不是我期待的那樣，但畢竟就是不一樣了，我覺得也很好，因為，我也很可能是錯的。

放手是為了創造更大的空間與可能性，以及尊重

舉凡任何事都一樣。而愛裡面最重要的成分就是尊重，不是嗎？

後來我也發現，當你不斷地走出「舒適區」，不斷地創造新的神經迴路系統，你的可能性與寬度就愈大，愈能聽進別人的意見，愈能更換新的態度來適應現在的人生。對我來說，我變得沒有任何限制與底線，我很有機，充滿各種可能性。

也可能是這樣，我四十七歲還能自然懷孕。

生命是零極限的，只要你相信，你便可以擁有這樣的人生。
改變真的不難，從現在開始吧！
而當你決心跨過恐懼改變自己，你已經擁有足夠改變自己的勇氣了。

如果你不願意面對現在，未來你哪也去不了

一個壞習慣的養成只需二十八天，一個好習慣的養成卻要二十九天，意思是，好習慣總是比較難養成，不過再怎麼難，你每一天的努力都是為了讓自己從現在開始過得更好、更像你要的人生。

核心瑜伽是一套結合肌力與有氧運動的瑜伽方式，這套動作設計為一星期四個項目。

每一個項目的練習肌群不太一樣，但都圍繞在核心與有氧為主，一個項目做熟下來只需要五至八分鐘，所以每天只要六分鐘每個人都可以成為自己想要的樣子。剛練習當然會需要多一點時間，你需要的只是讓身體養成這個習慣，只需要二十九天，用二十九天來讓自己之後過的更好是很值得的。

更重要的，這是一套讓你在家做也不會受傷的動作。十年的授課經驗，對我們來說，保護學生比有沒有效果來得更重要，所以書中用了許多文字來敘述動作，就是希望讀者在操作書裡動作時，就像有我們在身旁碎碎念一樣，除了讓你們更了解身體的結構、如何使用自己的力量、掌握自己，進而達到效果之外，最大的目的其實是，希望你們能更了解自己的身體，畢竟你才是自己最好的老師、醫生、朋友，了解自己，便是了解這世界。

練習建議！

TIPS—添購一張瑜伽墊，不要太薄，建議買環保墊，也請注意止滑的效果。

TIPS—貼身舒服具有彈性的衣服，可以藉此來觀察身體的變化與提醒自己努力。

TIPS—固定練習的時間與地點，讓身體養成習慣，當時間一到就很自然的開始練習。

TIPS—關掉電視離開手機，在這短短的時間裡專心對待自己，專心會有更意想不到的效果，強烈建議！

TIPS—練習前一或兩小時空腹，肚子餓可以吃香蕉或蘋果，或活力棒。

TIPS—練習前先練習淨化呼吸法，呼吸是我們生命中最純淨的力量，除了增加排毒，還能強化內在的穩定與正向的能量，對於接下來的體位法的練習很有助益。

TIPS—也請動作練習結束後一定或盡量要來個大休息式五分鐘以上。大休息式是一個深度放鬆與平衡能量的姿勢，可以幫助將能量引導到你身體需要的地方，很重要喔！

課程建議

＊初學者

每天練習一個項目即可，輪流練習，持續練習兩星期後，進入進階課表。

＊進階練習

一到四個項目隨意搭配兩組，例如星期一是第一組加第三組、星期二是第二組加第四組……。一星期六天，擇一天休息，練習一星期或兩星期後，進入高階練習。

＊高階練習

每天選擇搭配三個項目，練習一星期，休息一天。

＊核心瑜伽

四個項目一起練習，練一天休息一天。

（也許你可以設計成一個表格幫助自己。）

核心瑜伽的練習，在過程裡，請詳讀前一篇「使用心的力量」來幫助自己運動，帶著關心、寬容、鼓勵自己的態度來練習，提醒自己不斷回到現在的狀態，面對現在的自己，留意觀察自己在練習過程中升起來的內在情緒，當遇見自己不熟悉的一面時，願意帶著接受與臣服的態度來面對。

並且持續呼吸來幫助穩定身體功能與情緒，幫助自己在練習的過程裡創造正面能量，透過鍛鍊身體來提升與掌控心智，當身心靈在一個平衡的狀態，生命中的美好才能被你看到，健康的身體，平穩的心靈，你就已經走在自己的道路上了。

什麼是核心肌群？

在這裡我們得先了解一下有關核心肌群。在這套核心瑜伽裡，我們花很多時間建立核心的肌肉，需要了解一下核心的重要。

核心，身體的中心；核，是果實的生命來源，有內容物的存在。

腹部是副交感神經（主掌放鬆）最多的地方，在身心不斷交替影響之下，核心肌群的練習能在放鬆的狀態下，進入對身體的信任；信任能帶來能量的提升與控制，能量太高漲容易受傷，太低迷則不願走出舒適區碰觸自身的界線，穩定的使用核心肌群，才能為自己帶來有益身心的練習，並且透過如此的練習，重新找回內在的權威與勇氣，放鬆與信任。

能量上是如此，那身體上呢？

我一輩子都在運動，也一直在訓練我的核心肌群，對於一直存在的東西，自然不覺得重要。當我剖腹生下第一個北鼻後開始練習，我像是被廢掉一身功夫的俠女，什麼動作都做不出來，什麼動作都做不到，我才驚覺核心肌群影響我們這麼大，幾乎所有動作都牽涉到核心的使用與否，但也因為這機會，我能體會到學生說他們做不到的原因，於是我從頭開始練功。

核心肌群是指腹部前後這麼一圈就是核心，前面有條腹直肌與兩側的腹斜肌，後面就是我們的下背肌。

肌肉是這樣，肌肉在鍛鍊的狀態下是縮短的，肌肉不會自己延長，是要靠對應的那一面的肌肉的縮短來讓另一面延長，所以當我們在鍛鍊前面的腹直肌時，後面對應的下背肌是延長的，鍛鍊下背肌時，前面的腹直肌就是延長的。為什麼要說那麼多呢？因為這樣你才會知道自己在做什麼。

總是這樣，瑜伽是透過工作你的身體，進而工作你的心。當身體的掌控能力增加，也就愈能掌控心的狀態，成為自己真正的主人。

起手式：「桌子式」

桌子式是一個看似簡單，卻很容易做錯的動作，所以這裡將做細部解說，請帶著意念，專心操作這個動作。

1. 慢慢的將身體帶到桌子式（四足跪姿），雙手雙腳跪在墊子上，雙手與肩同寬，張開十隻手指對著前面，骨盆在膝蓋正上方，尾骨內捲一點，開始啟動腹部肌群。接下來這四個小步驟很重要，才能工作到手臂與避免過多壓力到手腕。（1）

TIPS—掌根輕輕往下推，推到腋下的肌肉有硬硬的感覺。

TIPS—大手臂往內夾緊，啟動手臂的肌群。

TIPS—肩膀遠離耳朵，避免聳肩，練成虎背熊腰。

TIPS—鎖骨往左右兩側延伸，肩胛骨會有微微向內集中、胸口會有往兩側

1

2

打開的感覺。

2.吸氣，左腳往後延伸到最遠，腳跟抬起來像頂著後面隱形的牆（2）。二至四個呼吸後，吸氣右手往前延伸，左腳離開地面與臀部同高，停留八至十二拍（3）。

3.下一個吸氣右手、左腳打開，吐氣收回來（4）。八至十二回合。

4.再回到四足跪姿，吸氣，再次將左腳往後抬高，右手往前延伸。（5）

5.吸氣左膝蓋收進來，拱起背壓縮腹部，右手收進來，手肘靠近胸口，頭順勢下捲靠近左膝蓋（6），吐氣再往外打開，延伸拉長脊椎，吸氣再來。八至十二次，最後一次收進來時用力壓迫腹部肌群停留十二拍。

6.吸氣，延伸脊椎，左腳直接跨到最右側（7），吐氣頭往右後轉看向左腳趾，停留十二拍（8），換右腳（示範圖左右相反了，讀者莫怪）。

7.以上為左手、右腳的步驟；接著換邊，同樣步驟再做一次，才能平衡（以上的動作我命名為「單手腳貓牛核心CAT—COW」）。

8.左右兩邊都做完，來到小孩子式（這組動作後面有解釋），腳背貼地，

4

3

臀部下沉坐在腳跟上，雙手往前延伸，膝蓋可以打開一點，順便轉轉手腕。

小叮嚀

讓自己習慣只要有任何雙手掌要在地面的動作，啟動這四項，任何小細節，都在訓練你的意念與注意力。

TIPS—掌根往下推，推到腋下的肌肉有硬硬的感覺。

TIPS—大手臂往內夾緊，啟動手臂的肌群。

TIPS—肩膀遠離耳朵，避免聳肩，練成虎背熊腰。

TIPS—鎖骨有往左右兩側延伸，肩胛骨會有微微向內集中、胸口會有往兩側擴展打開的感覺。讓手腕不致於因為承受太多壓力而不舒服，但如果手腕還是困擾你，可以選擇墊毛毯在手腕上。

TIPS—另外一件重要的事！骨盆要維持在膝蓋正上方，特別是單膝跪地時，重心容易偏外太多，將骨盆回到膝蓋上方需要啟動更多核心肌群，這是我們做這組動作的原因。

5

6

TIPS—吸氣手腳收進來時將腹部肌肉有力的捲進來，後背會像一道拱門一樣，穩定右手掌跟推地的力量來放鬆手腕壓力，同時使用核心肌群來穩定身體，先慢慢做，感覺肌肉的移動跟使用。

兩邊都做完再來到小孩子式休息一下後進入大休息式。

伸展

＊小孩子式（CHILD'S POSE/BALASNAN）：

我們一樣從桌子式開始，四足跪姿，先將膝蓋分開大一點可以容納你的身體，吸氣，吐氣將臀部下降坐在腳跟上，先腳背貼地，額頭貼地，雙手往前延伸在頭部兩側，放鬆延長整個背部。這是一個很重要的姿勢，當你覺得累時，隨時可以進入小孩式休息一下，放鬆下背、延長大腿前側，讓全身肌肉恢復平衡，也能整合你的能量。記得持續呼吸。

7

8

*大休息式（SAVASNS）

這是一個瑜伽姿勢，而且是一個很重要的姿勢！

以前我在健身房與瑜伽中心上課時，很多同學為了趕時間或覺得這不是一個姿勢，在大休息式時就離開了，訝異的是大多數老師都沒阻止，可想見這些老師自己也不認為這姿勢的重要，實在是太可惜了。

大休息式可以平衡我們在做瑜伽時得到與付出的能量，整合所有姿勢得到的效果，放鬆你的身體、大腦與反射神經的緊繃，放鬆交感神經，連結你內在的感受，是深層意識的休息，猶如激烈馬拉松後的一場輕柔SPA。我每次大休息式完，都有種新生且充足電力的感覺，一張開眼會覺得又是個新的開始；若是大休息式時間不夠或沒做，會感覺這堂瑜伽課不夠完整，像登山卻沒攻頂一樣。

鬆掉辮子或拿下眼鏡，攤開身體，雙手雙腳打開，雙手打開到讓腋下有點空間，讓胸口的兩片胸大肌放鬆往兩邊延長，慢慢感覺自己的身體不斷地往下沉，像陷入一片流沙或黑洞一樣，不斷地下沉……下沉……，感覺手、腳、身體、頭顱慢慢地消失了。不斷地下沉，勇敢地讓自己下沉，並且相信，無論你如何往下墜，一定會有一個力量扶住你，相信這個力量，在你心裡的力量——然後，放掉所有掌控，自然呼吸就好。

在家裡可以先設好鬧鐘（聲音要很輕柔喔，不然會嚇到），五至十分鐘，像我常休息到覺得充足才醒，通常在二十至三十分鐘以上，畢竟這是我最愛的一個姿勢。

第五課

進入黑暗就是為了看到光

三月二十日 下午六時三十四分 香港機場

四個高矮胖瘦不齊的背影，拖曳著略帶懊悔的腳步，拜訪著不同閘口的吸菸室。

「怎麼會這樣，香港機場這麼機車，我們只不過在飛機起飛前十分鐘到就不給登機，別的機場都可以……，怎麼會忘了時間？讓我好好想想——喝了咖啡去抽菸、去上廁所、再去抽菸……喔，沿途我一直箭步快走加回頭看，看到丁寧很優閒很從容地走著……」朋友M吐著煙，靈巧的大眼努力思索著這一切是為了什麼。

M是這樣的女孩，從小資優生的她，遇到事情總習慣不斷回溯錯誤現場，努力想找出為何搞成這樣的原因，更別說搭不上飛機這麼大的 miss。

「我到現在還不能接受上不了飛機這件事！剛剛那個戴眼鏡的地勤人員，是隸屬香港機場還是印度航空的？我要找出他的名字，我要投訴他，我要 complain！他態度可以再機車一點！」另一位朋友梅根訝異的臉部肌肉，訴說著這件事對她的人生而言真的太瞎了。

「我已經把這趟旅行交給老天爺了，所以發什麼事我都無所謂。」P的話一出口，我在心中暗自拍手，想不到對事物一向嚴苛、挑剔，總能一語打醒夢中人的P，竟然跟我的感覺一樣，雖說不上與有榮焉，但能跟高材生平起平坐的感覺真不錯。

因為改訂的班機是明天下午五點半的同班飛機，我們有整整一天二十四小時可以虛度。很多人對香港機場讚不絕口，說什麼好吃又好買，問題是，我們不要吃，也不要買，我不想把錢丟在這個填不滿的物質海埔新生地！

由於我全身只帶了新台幣兩萬多元，未來還得在印度待上三個禮拜，因此當我訂了一個可以睡八個小時，外加淋浴的 lunge，我心如刀割，同時也完全忘記，再怎麼樣我在台灣也算個小明星，此時此刻卻需要小心翼翼地把一塊錢「真的」當一塊錢來用。我們在休息的 lunge 拚命吃免費餐點，將水灌滿我們的水壺，甚至還偷運了兩顆蘋果出來，唯一多餘的開銷是點了瓶紅酒，敬我們的香港落難記。

然而事情的背後，遠比你可以看到的多更多、多太多。

那一整天我一直感到很反胃，雖然我外在的反應看起來是接受的，且平心靜氣的（這一招我很會），但身體一直有想吐的感覺。回到八小時二千四百元的小床上，全身不舒服到極致，在床上做一些簡單的瑜伽，希望身體好過點。

在做將雙腿岔開、身體往前趴的動作時，他來了電話。這是一個能反射你內在恐懼的動作，因為大多數人的恐懼情緒都藏在髖關節中，我們的頭腦會欺騙我們，但身體不會。

「還好有她們，四個女生再怎樣，都還是可以彼此照顧。」他跟她們認識比我還久，有她們在，他真的很放心。

「我覺得我好像她們的拖油瓶，似乎是我害大家搭不上飛機的……」我的眼淚已快掉下來了，還得忍住，畢竟也可能是自己想太多。

「我好想吐……我要吐了！看怎樣再打給你！」我衝到廁所，狂吐猛吐，順便狠狠地哭了一場。

之後我才知道，當眼前發生的事不是你能承受的，你的心就會想逃避這一切，就會用身體不舒服的反應來逃開這件事。

身體真的不會說謊，當你瑜伽練得愈多，身體愈誠實，不斷地反應出你用意志控制壓抑的情緒……，你以為這樣就算好了沒事了嗎？我們總太善於安撫自己的情緒。

早餐吃得有氣無力，加上一晚翻騰沒睡，控制力極弱，我還是裝做沒事，盡量讓自己看起來一如往常，希望趕快上飛機，到印度就好了，但早餐的對話還是不可少。

「我這次帶了本奧修寫的《瑜伽》，我覺得寫得很好耶——」我的話還沒說完，P的回話一個箭步飛來：「那個縱欲的傢伙，我不喜歡他！」。

「我……我也是第一次看他的書，而且我很禁欲的。」前面是真的，後面是開玩笑的。

「妳是說欲望是不好的事囉？」P很擅長分析別人說出來的話，這也是她的聰明，不過有時會把像我這樣瞎瞎的、很多事沒那麼在意的人搞得有點頭昏。

「我只是隨口說說，過場話而已。」。

「沒什麼過不過場的，說出來的每一句話都在反應你的潛意識！」P的回覆簡潔肯定。她總是很肯定。

「我也不喜歡奧修，看了很多他的書，不欣賞他的看法！」M開口了，這次她沒救我，反而讓我更往下墜。

我覺得自己好像被連續摑掌，還無法伸手保護自己。

我一改以往的笑臉迎人，真的生氣了。

「在妳們面前，我已經覺得自己很笨了，我很尊重妳們，即使妳們說出來的話我不認同，我一樣尊重妳們的想法，既然我說了，為什麼不聽我說完就妄下斷語？M，妳一直說是我走得慢，以至於搭不上飛機，妳知道為什麼嗎？妳們三個已有絕佳的默契，我好像半途衝出來卡進妳們之間，我一直覺得妳們會與我親近，是因為他的關係，而不是因為我這個人！我已經覺得我很像拖油瓶巴著妳們了，所以一直走在妳們後面，我自己也很不好受，我寧願只有我自己沒上飛機！」一早哭真的很費體力，很累。

「我們很高興妳說了出來。妳一直習慣性地配合大家，也算妳的職業病，我們都很愛妳，希望妳真的好好地表達出心裡想說的話。再說，我有習慣回顧事件的細節，不是好習慣，我說的不只是妳的部分，是每一件事，也包括我又去抽一次菸這事，我也很氣自己。」M還是M，總會讓我在愛的包圍下，接受一些新的衝擊。

「我知道是我自己對號入座了，我很少跟妳們單獨相處，又容易緊張，又覺得自己是拖油瓶的壓力……」我就是這樣，一覺自己渺小，就整個人縮進洞裡。

「即使妳是拖油瓶，我們也會開心地拖著妳走。」M給了我一個像母后呵護無知孩兒般的笑容。心裡舒服多了，說出來，也讓身體覺得輕鬆些了。我很高興自己說了，也突然知道我們搭不上飛機這件事的發生，是為了什麼了。

真是雨過天晴啊！妳真的這麼認為？

當你以為你已經掉到谷底，但其實只在邊緣而已。

二月二十二日

我開始後悔為什麼要來印度！

從德里（Dehli）到普須卡（Pushkar）要搭八小時以上的車（同行的伙伴已經先去了），而印度的計程車是不開冷氣的，甚至我懷疑根本沒冷氣。車上的我極度不舒服，當初只是覺得太累、空氣太髒，加上印度糟透了的交通，讓我一直呈現昏沉，沒想到其實是自己內在已經起了變化。

雖然昏沉，但我很想好好看看這片土地的不同，剛好所坐的前座位置夠大，我索性打坐一下，約莫五十分鐘後，我睜開眼，神清氣爽，不但可以用心輕鬆地欣賞景色變化移動，還跟司機聊起台灣的葬禮方式，與印度有什麼不同。我很高興自己做了一件對自己很好的事。

到了普須卡，同團早已抵達的友人們看到我們都哭了，這些溫暖讓我以為所有的不舒服都已過去了，我的印度之旅正式展開。去你的搭不到的飛機，去你的炎熱焦噪的空氣，去你的總是不斷被打斷的談話！

抵達住處後，當我打開房門時，背著背包站在門前，試圖說服自己這一切不是真的……

我是個巨蟹，在台灣，我花了很多錢在居住上，是一個相當注重住所品質跟私密性的人。過去旅行，我也常住民宿，但從沒住過這種——一樓，在廚房邊、在牛欄邊，所有人出入都要經過我的窗口，所以我幾乎是不能開窗的（除非穿戴整齊、沒做什麼不雅動作，包括抽菸，房東不喜歡我們抽菸，奇怪，他自己也抽菸呀！）。

此外，最讓我感到不可思議的是，我原以為是與另一位同學共用衛浴，但事實上是「跟房東一家人共用浴室」！印度人的廁所本來就比較隨興，但當你蹲在那兒，同時還有一堆蚊子、蒼蠅飛來飛去就略顯過分了。同時在那裡的一星期裡，用熱水洗澡這件事，完全輪不到我（因是用電熱水器，熱水有限，我搶不過房東一家人）。在沙漠，溫差極大，我只能利用中午氣溫較高時快速沖一下。

上面說的這些，或許都還可以忍受，但最慘的是，我們每天早上七點做瑜伽，我六點半裹著一身厚重的衣物起床時，房東一家人也正開始朝氣蓬勃的一天，洗澡、蹲廁所、刮鬍子，我總是憋到膀胱快爆了，才及時蒙主寵召……。是的，當我打開房門的剎那，我已經知道，這真是修行的開始啊，打破你所認知的，取走你所依賴的！

但如果我知道接下來會發生的事，我想我應當會果決地搭原車回德里，再去香港大採購後回台灣。去印度？沒這回事！

安妮是位優秀的心理諮商師，所以我們上課的內容常連結到團體諮商，這個重要的課程就是──脈輪（CHAKRA）。

只要是對宗教或神祕學有點概念的人，都會知道脈輪。人有七個脈輪，一海底輪（生存）、二臍輪（性）、三太陽神經叢（轉化）、四心輪（愛）、五喉輪（溝通）、六眉輪（洞悉真相）、七頂輪（平靜和諧），這七個脈輪被你從出生到青春期的過程深深影響著。了解脈輪，便能了解為什麼我們會成為這樣的人；了解它，才能調整它。而這些所觸碰到的，都是內在自以為藏得很好很深的傷口。

剛開始的一、兩天還算好，雖然還是常覺得怪怪的，不是很舒坦，但我相信印度這塊土地的能量會慢慢滋養我，我只是累了而已。

一、二、三個脈輪我都還挺得住，雖然我不是出生在風和日麗春光好的家庭，但也憑著自己絕佳的求生意志，硬是將悲觀的自己，大大改造成樂觀進取的樣子，這是我的強項，我很驕傲。課堂上，看著有些同學剖開自己的傷口，勇敢地看著這些傷口，再度進入那足以令人潰堤的邊緣……，這樣的分享，好需要勇氣，好感動。我們是一群認識不算久的人，唯一的共同性是希望自己的靈魂更能長大，更能輕鬆清爽的面對人生，這是一群內在渴望平靜的人。

隨著別人的悲傷，當然也觸碰到自己成長時所經歷的黑洞，那又黑又深的感覺再度撲上來，不是都藏好了？安慰了？自我催眠了？我哭到嘔吐，說不出一句話。

你以為你已經到了谷底，其實只是在邊緣而已。說白話一點就是，慘還會更慘。

二月二十四日

早上做完瑜伽後做慈悲觀（LOVE MEDITATION），安妮要我們想像每一個愛我們的人與我們愛的人的臉，這些人圍成一個圈圈，將自己包圍在這個充滿愛的能量的圈圈裡。在我們享受愛我們的人的能量後，再將自己對他們的愛，跨越時空傳達給他們，再將愛更擴散到全世界全宇宙，祝福著每一個生命……。祝福別人真的是件很舒服的事，這些祝福會再回到你身上，滋養你。這是一個序幕，接下來是我們的第四個脈輪，掌管「愛」的心輪。

我之前去做過「能量平衡治療」，那位奧修體系出來的瑞士治療師就說過我心輪很開，很能感受愛、釋放愛，前面幾個脈輪搞得我蠻累的，心輪是我認為最沒問題的地方。

唉，但那只是我以為……

人生走到這關，觸及我所愛的人，心中惦掛的除了害怕失去至親至愛的家人外，還有就是那些曾在生命中停留過的情人。我想到之前分手的一位，我花了很長、很長的時間跟他談分手，因為他對我的好，讓我願意如此——這些是我之前的想法，經過腦子嚴密的判斷所說出最美麗、最沒責任感的對白，很得體，很像個好人。

而這些華麗的對白下，其實是罪惡感，一種自己怎麼可以愛上別人的罪惡感。

我紛紛想起了P、M、梅根她們常跟我說的話：「妳是在競選好人好事代表？還是在談戀愛？」、「不要再說還好了！你一點都不好！」、「妳生氣就生氣啊！不要再說『我選擇原諒他』這句話！妳到底知不知道妳內在真正的感受？」、「拿下妳的假面具！」。「拿下妳的假面具」這句話真的弄到我了。

雖然她們以前也常說，但我太不以為然，沒感覺。這一刻，我很有感覺！

我想到我從小是多麼被揠苗助長地長大的，多麼努力地學會大人們的伎倆來保護自己、討到關愛，單薄進了這個混亂無章的行業，時時刻刻、戰戰兢兢地怕被傷害、怕得罪人、怕說錯話、怕人家不施捨機會，一直很累、很累……。我突然懂了那句話，那個假面具，其實是我長久以來養成的生存機制，很動物性，很本能。

我突然憤怒了起來，很強大、很不能控制！心裡不斷地吶喊：「他媽的！妳們知道我是怎麼走到我現在的位置嗎？」怒火從腳底燃燒起來。課後很多同學過來擁抱、安慰我，我張著又憤怒、又悲傷的雙眼，感受不到任何一個字，也沒辦法禮貌性地假裝我接收到他們的關心。

我的淚不斷湧出、湧出、湧出，只覺得自己快乾枯了！我要爆發了！我要離開。我奔回房間怒罵狂哭，只希望這道門從此密封，誰都不要開啟。

我非常、非常後悔為什麼要來印度！我想回台灣，回到他身邊就好了，就好了……

你們懂個屁！

二月二十四　普須卡

我在我的洞裡

縮著　蜷著

努力的用自己的冰冷溫暖自己

用石頭一顆一顆堆砌起來封住門口
緊密到連呼吸都要很用力
稀薄的空氣不斷顫抖的身軀
不過
都好過剖開身體看著不堪的自己

我只要窩著還呼吸著
過幾天就好了
就會好了

真的會好嗎

※

感覺被撕爛

一片一片的很不平均
我的憤怒沿著脊椎狂奔上來
我幾乎要大吼
「你們懂什麼！我好得很！不需要你們來告訴我好不好！」
長久以來支持供應身體的資源開始
懷疑　失控　潰爛
大量混亂的情緒壓縮回流到心裡

我是怎麼了
是什麼讓我變成這個樣子
我是怎麼了我是怎麼了我是怎麼了

要不要尋找真相？
這聲音在我心裡出現

我的心想知道答案
但
我的腦子用著它一貫的強硬溫柔
輕輕的不可反抗的說
「聽我的，小傻瓜，我們很好，就這樣，不要去碰東碰西的，會痛，不要。」

我聽到心裡的鼓聲悠悠的響起
整個人搖晃得厲害
感覺到一場不可避免的戰爭
就要開打

※

習慣依偎
跟自己

給自己溫暖　責備　鞭打　安慰
用自己創造出的力量
或
謊言
給這原本乾枯乾涸的沙地
建造綠洲
滋潤著生命的缺憾
然後
繼續假裝沒事的過著
完全動物性的生存本能
我的身體頭腦進化完整
適應得遊刃有餘
我歡喜在自己創造出的空間

驕傲的飛舞著
把四肢張開把心迎向天空接受天地的讚頌
心
我的心呢
呢
我胸口開了個洞
極速下墜

早晨醒來，我沒去做瑜伽，也不去吃早餐，整個腦袋盤算著我一個人回台灣的念頭。我依然不想或說不敢，離開我的洞，即便膀胱快要爆了，我聽著MP3，浸泡在自己的孤獨裡。

人在極大情緒變化時通常只有兩種反應：一、軟掉了，放棄般地傷心；二、見笑轉生氣，變成一股龍捲風，狂掃身邊的每一個人。我的反應剛好是一半一半，像我這樣長大的人，之所以撐得住，都是依靠自己那麼一點點努力學得的生存信念，所以，當有人堂而皇之打開門說：「嘿，那是什麼小貓招，糟透了！」除了想一拳揮過去之外，還有一大半的情緒是心疼自己，覺得自己的辛苦被抹黑了般地難過與憤怒。

有人敲門，Doris替我送來早餐：「安妮要我們不要打擾妳，讓妳跟妳的情緒好好相處。」

面對窗戶，看著外頭的牛，從巴哈無伴奏聽到五月天，到雷光夏，到一張取名為「奉獻者」的印地安音樂。鼓聲由MP3飄散出來充滿整個房間往外頭散去，vocal是個滄桑沙啞又堅決的男聲，混合著鼓聲由輕到重地敲打著我的心，我那顆被淚水浸泡到發脹的心，好像被做了個CPR，開始有了點溫暖的氣息進入，由我的心房散開，竄流到全身。

我很清楚地感覺到，原本我腹部下面那把燃燒的火，被頭頂灌下來一道清涼的水柱澆熄了……。我閉著眼，感受著這一刻的平靜，很安靜、很安靜，好像從沒發生任何觸傷我的事，也好像根本沒發生什麼事……。我的眼淚滑了下來，我也在享受著流著這樣眼淚的我。

「不是妳的假面具不好，這樣的生存機制也幫了妳度過許多難關，擋掉許多麻煩，只是現在，它已經不夠妳使用了，它的保護反而阻礙了妳的成長，現在妳要慢慢卸下它，讓真正的妳走出來。剛開始一定會很難受、很沒安全感，因為妳已習慣這道保護，但若是妳不願意卸下，其他好的力量也進不去……」昨晚M來看我時告訴我，當時我只是瞪著一雙倔強又憤怒的眼睛，面無表情地看著她，感覺不到她說了什麼。

就在這個時候，我忽然懂了，也不憤怒了，我不再為我的假面具感覺到羞恥，這是我一路辛苦的號誌，我感謝它，但也覺得它該好好休息了。

我的內心鼓起一些喜悅與興奮，從今天開始，有一顆超齡稚嫩的心要出現了，「她」要脫離腦子的控管，自己當家、決定自己；「她」也不怕失去以前一些精明盤算、總希望被誇為好人的處事能力，她要用她的「心」去面對生命裡的一事一物。

真的是有點怕，但我相信，我可以撐得住。

◇◇◇◇◇◇◇◇

我不再為我的假面具覺到羞恥，
這是我一路辛苦的號誌，我感謝它，但也覺得它該好好休息了。

◇◇◇◇◇◇◇◇

出房門梳洗，穿上前幾天買的新衣、新裙，開心地出門逛街。才逛到第一家店便遇到這次行程裡唯二的男生Leven，他見我「出關」，便迎上一道關心的眼神：「妳還好嗎？」

「現在好了！真的耶，如果我的憤怒沒讓它出來，我真的會看不清這底下到底埋了什麼其他的情緒。現在我知道了，不過是一些生活與工作訓練出來的模式，它不是不好，只不過，我的心愈來愈清晰，也愈來愈強壯，我已不再需要這些保護，就算受傷了，也能真正知道被傷到哪裡，不會再去牽拖別的，弄到後來反而看不清楚事實的真相。我相信我可以修護我自己。」

Leven開心地擁抱我很久，他很替我高興，我在這麼短的時間內了解且接受了自己……。我的這群朋友真的真誠可人，在面對別人的傷口時，都這麼感同身受，再大的傷痛，透過分享的釋放，透過被接受的力量，痛苦會被稀釋，會被這群正面的能量轉化，會不見。

進入地獄，才會看見天堂。

感覺自己真的到了印度，我的心真的到了。

老一輩很喜歡講一句話：「頭過身就過！」（聽起來像是台灣俚語）我在從事很多極限運動時，相當能感受到這句話的精妙；但是，這次從地獄爬上來後，更想為這句話的精闢，歡呼耍彩球，耶！耶！耶！實在是說得太好囉！從爬上岸的那一刻起，我對許多以前很在意的事、很介意的話，都沒感覺了；或者應該說，我重視自己的感覺勝過別人看我的感覺，最明顯的情況是在上了第五脈輪喉輪的時候。

這個脈輪所呈現的方式是聲音，正是掌管我們溝通表達的能力。在我們七到十二歲的年紀，如果當時的環境或父母親不讓我們自由表達意見，或一說什麼就被推翻否認，便會造成喉輪能量不足。反之，父母太過溺愛，形成小孩一味地說、一味地指揮，便造成喉輪能量過多。

不足的人，明顯地說話聲音過小、音頻較高、容易重複做一件事，長久下來身體僵硬，缺乏創造力；過多就是大小聲啦，話多、聲音粗大，做事易變來變去。

我們做了一個練習，每個人說當下在心中浮現的一句話，大聲並加上動作喊出來，同時大家模仿他，一邊移動，一邊對著經過身邊的人，看著眼睛大聲地從心裡說出來！

也許是因為了解，我發現每一個人喊出來的話，都很適合那個人當下的狀況。輪到我時，我完全沒多加思考說出：「你他媽的給我放尊重一點！」這話剛出口時，我便想收回來，好像怕傷到什麼人似的，不過，愈說愈順口，愈說愈有感覺，到最後，真有種把胃裡一坨污穢雜物吐出來的感受，爽啊！

課程結束前，因為明天我們就要離開普須卡前往達蘭薩拉（Dharamshala），安妮問我們有沒有什麼想說的話，在這裡的最後一天說出來，留在這片土地上，讓這片土地幫你吸收掉，這樣，我們離開的腳步才會輕快無礙。

我立刻舉手！

「我知道許多同學都認為我只跟M、P、梅根她們混，其實我們在台灣相處的時間很夠，我想多跟其他同學相處，多認識大家，所以如果大家要去逛街、吃飯什麼的，也可以找我啊……」說完感到小小害羞，我從沒請求過別人來邀約我，我一直都處在團體中被需要的位置，而我也很懂得製造被需要的理由，或有時是怕自己真不被需要，所以我就趕緊先扮起很獨立的樣子告訴自己或別人，「我不需要人陪，老娘我很獨立！」這些，也是我的生存機制啊！但是，我要打破我的慣有機能、我的圍牆，我需要的、我求救的、我的一切軟弱的！要它出來。

「丁寧提出她的請求了，願意的人請舉手。」安妮一說完，大伙兒開心友善地舉手表示願意，M露出一副欣慰「小孩長大了」的母后般笑容看著我，梅根更是開心又激動地舞動著手。

「P，妳為什麼不願意？」安妮發覺P沒舉手，大家都愣住了，怎麼會有人不舉手，而且是跟我也算不錯的P。不過，當然可以不舉，只要你不想。

同時，心裡也覺得P這傢伙真他媽的很忠於自己，一點都不偽善，帶種。

「我覺得我的好意常被她誤解，我覺得這樣很不舒服，我想短間內，我們還是不要太靠近對大家都好。」P說的話，我好像也認同；更好玩的是，我一邊點頭，一點都沒有受傷的感覺，不過心裡有一點點不對勁，若是以前的我可能算了，但現在可不成！

「妳有沒想過為什麼我會誤解？是不是妳表達的方式不對？或者是妳也誤解了我的意思？妳很聰明，但不是每一次妳的聰明都能發揮對的效用，妳是不是也該試著把我所要表達的先聽完再做判斷？每個人都有表達自己想法的權利，妳是不是也該學著尊重妳你不聰明的人，給他尊重，對人的基本尊重。」說出來連我自己都嚇了一跳。

「嗯，沒錯，對『人』的尊重。P，妳有沒有想過妳為什麼不喜歡丁寧，是因為她不夠聰明嗎？

還是……出於嫉妒？」安妮總是不放棄任何一個讓我們更暸自己的機會。

「為什麼？」安妮再打上去。

「……我想是出於嫉妒吧！我不喜歡她那麼會使用女性魅力。」果然是P會說出的話，這種所有女生都盡可能迴避的話題，她卻敢迎面而上，碰撞它。

「丁寧，妳現在知道了，P不喜歡妳，不是因為妳太瞎或不夠聰明，只是因為嫉妒。」我真是喜歡安妮，她總在告訴我們，任何情緒都沒有不好，換成別人，可能又是一長串「嫉妒不好喔、不成熟喔、會阻礙成長……」之類的屁話，但這是人都會有的情緒感受，何必故意看不見來顯大器，承認它、面對它，它才會不見，或變成別的更糟糕的力量來影響你。

「女性魅力也是一股好的力量，男生跟女生不就各自散發、傳達不同的功能，這沒什麼不好。」這部分我太有感覺了，我可是為了不斷告訴別人我相當堅強，而當了很長一段時間的男人婆，直到近幾年，才驚覺溫柔才是最大的力量。

「我沒說不好，只是我不喜歡。」P回答的也沒錯，每一個人都有權不喜歡些什麼，無論對錯。

晚飯後，整個城鎮大停電，這種情況在此地頗為正常。沙漠中的電力中斷並不會為人民帶來什麼不便，倒是我們，點著蠟燭打包行李的狀態好玩極了。當下覺得老天爺對我們真的太好，黑暗中，我們更有機會靜靜地與自己相處，而不是衝出去大買特買，讓我們有點時間好好感覺一下這些日子裡，在這塊土地的支持下，我們，有了什麼不同。

深深地覺得我這趟旅程真是大賺特賺，比去看心理諮商三年都還值回票價，尤其我與P之間的狀況，亦友亦師。

她幫助我探究、找回自己真實的樣貌，並非每個人都有那樣的能力，這需要相當的善意、洞悉能力，與愛，才能看到對方面具之下的真實。而我想，如果P可以開始覺察出她自己刻意掩蓋的女性魅力之下，是有著怕因此變得不夠獨立、不夠有力量的恐懼（強硬的人不見得不會恐懼），或是怕示弱……等種種原因。示弱沒什麼不好，何必一逕爭勝要強？我相信，她對她的生命也將有極大的調整在等待她，P那麼聰明，她會找到自己的答案的。

更美好的是，我們雖然有著像即將翻臉的對談，但我卻知道，也很相信她仍是很真誠地關心我，希望我更好。

我為什麼知道？

因為我也是。

沙漠中的黑暗，更有種寧靜。

很靜很靜……聽得到心裡話的靜……

今晚的停電，停得太好囉！

跟你的
負面能量在一起，
它就成了支持你
的另一個力量

又要高空彈跳了。

錄電視節目「少年特攻隊」前，一行人到台中的極限運動場時，我其實就已經嗅出應該會來個高空彈跳之類令人挫屎的運動的氣味。

工作人員有點戰戰兢兢解釋，終極密碼猜中的人要跳的當下，女生眼眶泛淚的有五枚，軟腿先哭的有兩枚，剩下的我，情緒很複雜……。喔，請容許我做個小小的自我介紹，在下我基本上已跳過七次高空彈跳、一次高空跳傘，說來雖也算經驗老到，不過照以前的經驗，只要聽到「高！空！彈！跳！」四個字，還是會經歷腳底一路往上麻，然後必得攙扶著某種固定物才站得起來的情況。一直都這樣，紐西蘭那次，我是扶著停車場的車子慢慢走進去的，而且，在那之前，我每天晚上用我的爛英文跟上帝求救，希望那下大雨冰雹。

「少年特攻隊」這次真的怪，一點怕的感覺都沒有，沒有腿軟、沒有心跳加速，好像要彈跳的是另一個節目——有種與我無關的感覺。而我是一個多麼能感覺內在情緒一點一點轉變的人啊，我怎麼可能在面對天敵高空彈跳時，心頭卻無風無雨？用了三十秒好好想了一下——會不會是因為這幾年我花了很多時間練瑜伽，整個人變得比較平靜一點有關？咦，相當相當有可能，很開心，平靜總是件好事！不過，其實當初我開始狂練瑜伽時，是發現練瑜伽會讓我更敏感，對拍戲非常有幫助；而更敏感，就是對很多事的感覺都會放大加深……咦？放大加深！那面對恐懼是不是也會對等的……，天呀，萬一真中了，是不是會鬧出抱住教練死不肯下去的戲碼？天啊……。

即使這樣想，腿還是沒軟。

腦袋很清晰地浮上來兩個想法：一、我一定會中，會跳；二、很想知道現在的我，兩年多沒做什麼刺激運動的我、更敏感的我，站在跳台上會有什麼感覺。

我真的是個太想知道自己會怎樣的人，或者可以說，我是個不會太刻意找麻煩的人，不過，當麻煩找上我，我也不會逃避。我在這行業，一直抱著這種心態，所以我在工作上玩過的極限運動不計其數，上至彈跳跳傘、輕型飛機、滑翔翼、拖曳傘、攀岩，下至潛水、滑水、滑雪、拳擊、劍道……。我真的很喜歡我的工作，因為它，我不斷拓寬自己的極限，也發現，人類的潛力，真是無限。

然而面對自身，是饒富趣味的，每個人都很不一樣，可以從中窺視到每個人真實的底性。

郭世倫就是很值得一提的例子。第一回合的終極密碼他不小心看到了答案，不但告訴身旁的隊友，他還故意答中數字，這樣的犧牲精神，只因他看到每個女生都快要哭了，不忍心。以前跟他一起錄過好幾次節目，都沒機會看到這麼貼心的一面，我更相信患難是可以見真情的，也相信他是個會很疼女友的好男生。而有一位女藝人更妙，明明知道自己是有懼高症的人，還是硬著上去，結果身體發冷、僵硬、不斷發抖，教練見狀發現真的是懼高的現象，不准她跳。她下來後，全身還不斷顫抖、冒冷汗，近似休克，快半個鐘頭才靜止下來。真的相當不簡單，知道，還逼自己面對，是勇敢的人。

而我，正如預期地中了，而且是最後一個，其他人都跑過來擁抱我，我猶如救世主般地登上了彈跳台。

還是很怪，我可以感覺恐懼就在身邊，很近很近，但是沒有侵略進心裡形成軟弱，我心跳加快，但全身很有力。在跳台不斷攀升的同時，我注意到我的手非常用力地抓著欄杆，有一種死都不放的感覺，正常的身體反應。我當下跟我的心說：「好美的夕陽啊！別只在意妳的恐懼，看看周遭的環境是多麼的美好，清爽的風、舒服的陽光，還有這麼難得的高度、景象，難得的體驗，別讓恐懼蒙蔽了我們的雙眼，接受現在，享受它吧！」

我可以清楚地感覺恐懼存在我身旁，跟我並肩，我們很像好友，彼此不討厭彼此。這一切，真的好奇怪、好奇怪，我的恐懼變成我的另一個力量，陪著我。

我快速地鬆手站到跳台邊緣，看著台中傍晚的景象，分外的迷人，腿瞬間軟了一下，我告訴我的身體，用力！恐先生在我邊，溫柔地陪著我。

當教練數完五、四、三、二、一，我的雙腿離開了跳台，恐懼脹大，直撲我心臟，那一剎那，我幾乎碰到死神的鼻尖了。突然有種非常不熟悉的力道把我拉起，之前彈跳時未曾有的感覺——我懸掛在跳台旁！下面一陣驚慌……，我的安全扣環忘記解開。

教練快速地將我拉回跳台，問我，還可以再跳嗎？

「可以啊！」我一如之前的情緒，心跳加快，恐懼站在身邊陪伴著，我雙腳離開，再度體驗跟死神碰面的感覺。

除了第一秒的痛苦，之後真是享受得不得了，我不斷大喊：「我愛我的工作！我感謝我的工作！」

下來後教練跟我聊了一下，他說他這輩子只遇過兩次這種狀況，一個我，一個再也沒跳。我說，可能是這段學習瑜伽的過程，讓我稍稍懂得接受所有好或不好的情緒，遇到不好的情緒不見得是不好，只是你不習慣、不舒服，所以自然產生抵抗的力量，而這力量也會反過來傷害我們（如同打人，自己的手也會痛一樣），我只是學著尊重它們的存在，不去花力氣對抗。

當然也看到有些人哭著打電話給經紀人，打死不願接受挑戰。看到這樣的情況，心裡會暗自覺得可惜，任何發生的事都有其必要性，都是要你學會什麼、相信什麼，You never try, you never know! 白白喪失一個能更了解自己的機會。

一跳過後，通體順暢，知道年紀與好日子並沒讓自己軟弱下來，感覺很好，很以自己為榮。

希望自己好好記住這感覺，不管在什麼年紀什麼狀況，都能繼續相信所有好與不好的情緒，也都是自己生命的成分而已，就像雞蛋裡有蛋白和蛋黃、養小狗一定要清大便一樣，尊重一切好的與壞的。

感謝所有發生在我身上的事，感謝瑜伽教我的，我也感謝自己，願意接受這所有的事！

起手式：「山式」（MOUNTAIN POSE/SAMASTHITI）

我們不在乎你是不是能將腳放在頭上，我們比較關心你的腳是不是有扎實踩在地上的感覺，所以，讓我們先花點時間好好站著。

其實是我自己很愛山式，每每心浮氣躁時在山式一站，一點一寸地將注意力與呼吸注入身體裡，氣一流動全身，力量一往下沉，人就穩定了。（1）

TIPS——雙腳併攏，腳拇趾輕輕碰在一起，膝蓋放鬆，感覺腳跟有力的往下推地，身體自然往上延長。

TIPS——雙腿直立感覺插入地，特別注意不要將膝蓋往後推！所有的關節都不要用力，會過度磨損，寧願彎曲一點膝蓋都好，肩膀放鬆離開耳朵，雙手臂下沉。

TIPS——臀部的肉滑下腳跟，鬆開鼠蹊部，肋骨的底部不斷的放鬆，幫助重

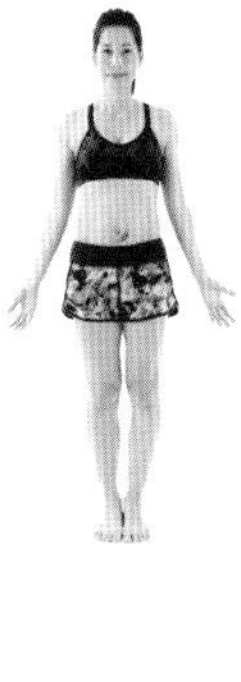

1

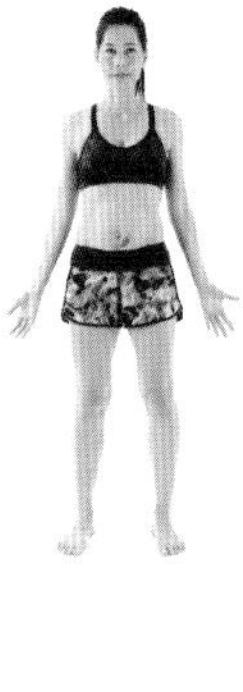

2

心維持在腳跟。

TIPS—在山式站一下，穩定深長的呼吸，感受雙腳扎實踩地的感覺，感謝土地總是支持著我們每一個腳步。

一、搖擺式（前後左右）

1. 記住山式雙腿有力的感覺，雙腳打開與肩同寬，吸氣拉長身體，感覺頭頂很重下沉（2），上半身慢慢前傾放鬆下來（3）。

2. 身體彎下來掛在腿上，腳跟推地，膝蓋才會放鬆，或是彎曲一點膝蓋，停在這裡先做幾個呼吸。慢慢開始將雙手前後擺動起來，像猩猩一樣，搖擺你的身體，手自然的一前一後搖擺，自然的吸氣身體上，吐氣下（4），搖晃震動你的身體，讓下背像個避震器一樣震動，同時開始工作腿力，做個二十六次（5），換動作。

3. 下一個吸氣上時雙手擺向右上方，眼睛看著右邊天花板，將肋骨往上翻

（6），吐氣下，換手擺向左上方天花板，可以愈做愈快，讓身體不斷擺盪，大腿後側太緊不舒服可以彎曲膝蓋再多一點，做二十六次。

小叮嚀

放鬆按摩下背、刺激腹部肌群、強化腿部與腰腹，伸展胸腔兩側的肌肉，緊縮腹部肌肉與按摩腹部器官預防便祕。這個動作很有意思，剛開始做時很快就會覺得累，因為這個動作會將長期累積在身體裡的勞累快速釋放出來，繼續做就不會累了。

有氧蝗蟲式（LOCUST POSE/SALABHASANA）

所有的動作請連續進行，才能讓心跳持續上升，到達有氧燃脂的功能，而這上下動作的連接，都在平衡身體所使用的肌群，並提升心肺功能。請給自己鼓勵，跟隨書上的，我產後可以做到，你們一定也可以，雖說剛開始我也累到嚇到

5

6

我自己，並且以為我做不到了！

當身體有很疲、很累，或有快不行的感覺，這都是很正常的，請不斷提醒自己回到現在，不要思考，不要一直恐嚇自己快累死了，或做不到，一步一步往前走就好，只要告訴自己：「是累喔！我知道。」就好，然後再將自己帶回呼吸裡，鼓勵自己給自己信心，同時提醒自己正在為自己的身體做些很重要的事，不斷地在過程中邀請你的心來幫助你穩定身體，並且想像你接近完成了，你的心是如此地開心驕傲自己做到了。

1.將身體慢慢趴下，雙腿打開與骨盆同寬，腿有力往後延伸，腳背有力的往後延伸，雙手移到背後面十指交握，先彎曲手肘，將肩膀往前往後轉一下，轉開肩關節的間距，如太不舒服可以雙手抓一條毛巾，但盡量要與肩寬喔。（7）

2.吸氣胸口往前延長，雙手伸直往後往上提，胸口往上提，同時將肩胛骨往前推，吐氣下，吸氣再上吐再氣下，記得要不斷提醒自己放鬆下背與臀部，持續做二十六次。（8）

7

8

小叮嚀

注意不要聳肩喔，讓耳朵遠遠離開肩膀！這動作剛開始做很辛苦，特別是女生上背比較沒力氣，可以做慢一點，也請不要放棄，這動作可雕塑肩胛骨與開展胸大肌，強化上背，放鬆下背，因為開展胸口，對呼吸會很有幫助。

三、奉獻式

身體總是與心連結，而心念也總是能帶動身體，尤其在做不斷重複的動作時，偶爾難免會心生厭倦與失去耐心，只要記得將自己不斷帶回到呼吸上，疲倦與痠是必然存在的，對於必然存在的事何苦去煩憂呢？

所有雙手往上延伸、心口向天的動作，都是一種打開（胸腔、心）、接受與奉獻，願意打開接收更大的力量進來，並且將自己勇敢的奉獻出去；所有身體往下放鬆的動作，都讓我們學習放鬆、放下與臣服，臣服內在的神性，臣服我們的真實，放下我們所堅持抓著不放的，願意相信鬆手後，另一個更美好的可能性才會發生。

打開後，再收縮放鬆，收縮後再打開，這一上一下對照的動作，都在幫我們身體的能量做吸收與釋放，讓身體的能量流動順暢，如同一場莊嚴的儀式，一場祈禱，更像一段美麗的舞蹈，讓你的身體跟隨著你的心，充滿能量。

1.慢慢站起來，來到山式。

2.吸氣雙手從兩側上來，有力的像捧著太陽一樣來到耳朵旁邊，再慢慢將心口、臉朝天，像要把自己奉獻出去一樣，腳跟有力的推地，幫助身體再更往上延長。吐氣骨盆往後推，上半身直直的下，來到前傾的位置，腳跟扎地往下。(9)

3.吸氣用腹肌的力量，延長脊椎，將身體直直慢慢的帶上來，吐氣往下，重複做二十六次。(10)

4.做完，安靜一下，感覺自己的呼吸、心跳與感受。

9

10

小叮嚀

雙腿可以選擇腳併攏或與肩同寬，併攏比較有挑戰性。大腿後側不舒服的同學，也可以彎曲一點膝蓋做喔！

四、大肚青蛙式

這是我自己取的名字啦，陰瑜伽也有青蛙式，因為做這動作時覺得自己好像小青蛙喔，蠻可愛地！

1.雙腳彎曲蹲下，打開到可以容納身體的寬度，臀部肉往下滑到腳跟，大腿與腳趾外開四十度，手臂移動到腿內側，手指尖點地。（11）（12）

2.吸氣用大腿內側的力量讓身體慢慢站起來後，肩膀往前往後轉，讓胸往外推，大腿內側用力，臉自然朝天。（13）

3.吐氣用大腿的力量慢慢彎曲膝蓋往下蹲，臀部靠近地面，重心在腳跟上。不要翹屁股，手指點地。

11

12

4.吸氣重複，十三至二十六次。

所有步驟完成後，請使用小孩子式與大休息式進行伸展與能量的沉澱。

小叮嚀

如很難讓臀部整個蹲下沉的話，在臀下面放一塊瑜伽磚來輔助。

這動作是很好的腿力訓練，可以消除腿內側脂肪，強化腿力。

腿也是我們的第二顆心臟，腿力好才能將往下流的血液打回心臟，預防心血管問題。

花點時間觀察力量是如何開始？經過哪裡？心想到哪，就會啟動那一塊肌肉，效果會加強，所以說要專心在身體裡。如果你一面做動作一面看電視或想著其他事，一來容易練錯地方，而當身體有其他問題時你也不易發現，這樣容易受傷。專心在一件事上有其必要，也能培養自己的專注力。佛說：「吃飯時吃飯，睡覺時睡覺。」說的就是在當下。

當心不在，什麼地方都到不了，或到了，也沒感覺，做事只到表皮，沒更

13

多其他的體會，很可惜。

前傾可以按摩卵巢、腎臟，對泌尿系統很好，幾乎所有前傾的動作我都很喜歡。瑜伽的每一個動作，都帶給你不同的能量，站立的動作讓我們感受穩定與強壯、後仰動作激發你的活力與對未來的信心、平衡動作增加你的協調性與專注、扭轉平衡左右腦身體兩側的肌肉與器官、倒立讓你用另一個角度看世界與回春之王，前傾則是臣服與接受，放下才能輕鬆往前走。

現在的人要臣服很難，我們已經被教育成要不斷掙扎、抵抗、堅強，都是很硬與陽性的能量，但現在地球的整個氛圍與能量，已經到一種沸騰爆裂的狀態，我們需要陰性的力量來整合，讓燃燒的水降溫。

「臣服」是一個對自己更深的諒解與接受，接受自己的軟弱，接受自己需要休息、需要安慰，接受外在的成功不是唯一的路，對生命給你的課題不抱怨、不抵抗，帶著謙卑的心來接受、面對一切困境。臣服是很愛自己的方式，也是很大的智慧，如果我們可以用這樣的方式對自己，也就會用同樣溫柔的方式來愛地球，選擇大眾交通工具降低碳排放量，選擇低汙染的布料、環保清潔用品，降低物質需求，付出與幫助需要的人或國家。現在的地球需要每一個人的愛，才有復原的機會，時間已經不多了，我們要加油。

前傾的姿勢不斷的在伸展骨盆，骨盆又是我們累積最多負面情緒的地方，所以當你在前傾的位置時，如果感覺到任何悲傷、痛苦、孤單等黑暗的情緒，也請不要害怕，像我先前分享的感覺一樣，吸氣，讓這不舒服的感覺靠近你，吐氣，像擁抱你那個調皮搗蛋的孩子，透過呼吸，用自己的力量安慰自己，用自己的呼吸療癒自己。

然後觀察這感覺的變化，持續的練習，時間到了，這黑暗的感覺自然會轉變。

第六課

當你跟自己沒有問題了，你跟這世界也就沒問題了

當你自己好了，你就想對這個世界好。那一趟從印度回來，我真的好像全身蛻一層皮一樣，重生了。

姐妹們最喜歡說的是，這一趟旅行我賺最多，付的是瑜伽師資培訓的學費，但做了很多幾乎是一對一深度療癒的內容，我開始深深感謝過去發生的事情，如果沒有過去的那些痛苦，我也不會願意進入身心靈療癒的學習。

安妮是一個雲遊四海的人，雖然她的父、母親在台灣，但她總是選擇不同的地方居住，移動在那些可以給她更多能量的地方。二十一歲那年，她隻身前往印度旅行半年，大家都知道印度是個歧視

女性的國家，但印度尊敬修行者，她剃了一個大光頭，穿上尼姑的袈裟，身上只攜帶足夠的錢，其他東西全鎖進車站的寄物櫃裡，就這樣，走了印度好多地方。

她的靈魂相當奔放與自由，她一直在改變自己過去的認同，她認為，改變永遠是好的，如果，過去你的認知跟現在的還一樣，那你可能需要擔心一下自己。

而療癒，就是用現在你自己的能量，療癒幫助過去的你。經過時間的累積與學習，現在的你一定比過去的你更有力量，如果沒有，你就要反思一下自己怎麼了。

她會開瑜伽師資的培訓，也是因為她覺得必須離開了，她希望把這一套結合療癒效果的瑜伽練習方式留著，造福更多人，畢竟台灣是一座非常需要療癒的小島。台灣沒有辦法再給她更多的滋養，她是做療癒工作的人，非常需要吸收大自然的能量，也必須重新地、不斷地療癒她自己。她常到不同的國家去幫人家做諮商，或者是給人家做諮商，我們很好奇地問：「妳自己已經是一個非常合格並且經驗豐富的諮商師，為何還需要做諮商？」

「只要我們是人，只要活著，我們就會不斷地有一些新的傷口，現在傷口不處理，等成了舊的傷口就會更難處理。有時候，某些傷口殘留在心裡的時候，我們並沒有察覺，我自己是做療癒工作的，我如果有我的傷口，便容易投射我自己內在的痛苦，這樣子我就沒有辦法幫助到客戶。再說，全世界有這麼多不同的療癒方式，一種適合你，並不表示也適合其他人，所以我需要學習很多不同的手法，希望能夠幫助每一個來到我眼前的人。照顧好自己，也才能夠幫助別人。」

這是我要的老師。

其實當我決定接受瑜伽老師師資的培訓時，並沒有當老師的念頭。那時候的我相當虛弱、沒有方向，我不確定自己腳踩的路是不是我的道路，但我知道我就是喜歡跟安妮學習，也很喜歡跟我的姐妹們在一起，但我一點都不覺得自己可以當老師，反而深深覺得自己怎麼可能有資格當老師。

老師肩負非常大的責任，一句話很可能拉人一把，也可能把人推下山。再說了，我自己都照顧不好了，怎麼照顧別人？基本上我很抗拒成為老師。

但生命的轉變真的很奇妙，很多事、很多念頭，突然就來了。從印度回來之後，我有一種很想幫助別人、付出給這個世界的感覺。以前我一直覺得，如果有一天成了大明星，或者很紅了，我就有能力去幫助別人；但同時我也想，如果我這一輩子都沒有機會變成大明星，那我要等到什麼時候才可以對這個世界付出？於是，我轉念思考，目前我擁有什麼？而這些是現在就可以讓我馬上付出，不必等到有名或有錢。

因此，我想到瑜伽在我身上造成的改變！

我覺得如果瑜伽帶給我生命這麼大的轉變，甚至成為我生命的重心，幫助了我完成這麼大的能量調整，一定也能夠幫助其他人！

並且我相信，一定有很多人跟我一樣，需要被療癒、需要去面對過去的鬼魂，需要重新找回自己的勇氣跟力量！

這是我現在可以做的，我要趕快做。

放手是為了創造更大的空間

即便在拍八點檔，每天拍到火燒屁股，我依然沒有放棄每個星期的課。我常常是頂著戲裡面的濃妝衝進去瑜伽教室教課，我常調侃自己是瑜伽界裡面妝最濃的老師。

我常常教課前感覺自己已經體力耗盡，非常累，但往往一堂課教完後，又覺得自己活力百倍，可以再去拍戲了。

當我們專注在做一件很喜愛的事情時，當下我們全身的能量是非常順暢地在流動，同時我也從學生身上得到他們流動到我這邊的能量，不好的、淤積的、拖累你的流出來，身體就有更多空間裝進來好的能量。

瑜伽跟運動不一樣，做運動創造出來的能量，基本上不被控管，所以容易跑到「你想要」的地方去，例如，你對「性」的掌控能力不好，運動完你就會覺得全身性致勃勃，想找人幹嘛幹嘛的。

瑜伽非常注重呼吸，呼吸是連接身體與心的橋樑，加上最後的大休息式，你做瑜伽所創造出來的能量，身體會很有智慧地幫你調配到「你需要」的地方，所以，一場對的瑜伽做完，你會感覺到喜悅與平靜。

常常有學生進來教室時是非常疲憊的，但當他離開時，卻是頭腦清楚身體輕盈，這就是瑜伽的功能。讓你的腦子暫時停止不斷地反覆思考一件事，讓你的能量流動，讓你的心跟身體來主宰你自己，腦子思考只會局限在我們過去的經驗，大部分都是狹隘的、被限制的、沒有新意的，當你花九十分鐘的時間，把你這一個人的主導權交給你的身體、你的心，就好像在用全身的細胞幫你感受這件事情、思考這件事情，所以上完課之後，突然會有靈光一現的答案。

放手是為了創造更大的空間。

放手是一種相信，也是一種勇氣，你相信無論自己如何無力地往下墜落，一定會有一雙手把你撐著，那就是你自己，那個更大的力量，你沒有看到但一直都在的那個力量，就是你的高我。

所有的形象，都在耗費你的能量

一旦嘗到甜頭，就很難停止了，我開始非常喜歡參加安妮的療癒課程。

知道的不一定做得到！我之前也參加過一些心靈成長課程，在課程期間整個能量滿滿，並且相信自己將會繼續如此下去，生命會在踏出這間教室時開始改變。

但其實沒有，沒什麼改變，腦袋裡面一堆理論，身體卻一樣裹足不前。

安妮的課重視實際操作與不斷相互練習。

一如她在諮商的時候跟我說的：「妳如果只是在我這說一說、哭一哭，這樣並不會改變什麼，妳要有實際的行動出現，去跟今天諮商到的關係人說諮商的內容，告訴她，妳所感受到的與理解到的，讓她知道妳的情緒，同時跟她和解，也讓對方有機會跟妳說聲對不起。這樣的舉動才會真正改變妳們冰封已久的關係，妳的能量也才會開始轉變，這樣這個諮商才能真正改變妳的人生，再說我不便宜，不要浪費錢。」

安妮的療癒課程，相當重視身體的操作，身體記住的，永遠不會忘，這也是我一直鼓勵大家身體的重要。一直工作你的心靈，不鍛鍊身體，你會頭重腳輕，不切實際，對你的人生依然沒幫助。鍛鍊身體往下扎根，也穩定你所學習到無形的力量，下面穩固加上上面的延伸，你這個人的生命空間才會開展出來。

課程中，在學習一些理論性的東西後，便開始使用一些療癒手法不斷相互練習，一層一層進入，透過練習，我們可以親身體驗到、感受到、看到，親眼見證我們嘴上所說做不到的事，是可以透過練習，不斷地加強勇氣的力量。我們是用全身細胞來感受、來體驗與記憶這個改變，所以，我們不會忘記。我們在練習的當下，便開始持續改變，當課程結束，我們已經變了另一個人了。

我常開玩笑說，每個人第一天上課時都灰頭土臉、烏雲籠罩；上完課，大家都像去做了醫美一樣，容光煥發，能量飽滿。

> 人要改變，從能量下手最快速。

安妮最讓我喜歡的是，她常在破除很多人對於「既定形象的迷思」。

You know，很多人都覺得靈性導師應該就像仙女道士一樣，穿著一身輕飄飄衣服，腳會浮起來的感覺，說話輕聲細語，帶著一副怪怪的笑容。

有一次她受邀去為一個國外的靈性團體做開場的冥想引導，這個團體的老師跟學員都一律穿著白色長袍，真的很「靈性」。那一天，她穿一身紅色低胸的緊身短洋裝，腳踩高跟鞋，依她自己所說，她穿得很像妓女。

她一進場，全場都傻眼。那天，她依然帶了一場很棒、很有能量的冥想，她就是要跟大家說，靈性修行是內在的修練，是要破除外在形象限制的。

當你一直為了把自己放在一個高度或塞進一個形象而努力撐著，你就已經嚴重耗損能量了，而你也離開靈性的練習了。

安妮離開台灣全世界走透透，不過她會每幾個月回來看父母順便開課，我總是很把握她每一次的課程。我常不知道我上這個課要幹嘛，不過我相信我一定又能看到什麼心的感覺，我對她又去學了什麼回來充滿好奇。

有一次我參加了她女性性能量的課程，真的讓我大開眼界，我才發現以前我對性的觀念這麼錯誤與限制。

女性的性能量很重要，這代表著妳這個人的生命力、創造力、保護自己的能力，以及享受生命的能力。

最後一堂課中，討論到我們對自己形象的迷思，我們每一個人都得提出對其他學員的感覺，認為她的形象是什麼，隔天，我們必須穿著跟這個形象完全不一樣的打扮來上課。

在其他同學對我提出她們對我的迷思前，我想了想我對自己形象的迷思是，我是有想法的、我是聰明的、我是會不斷地願意去表達我內心感受的、我是外向的、我是奔放的、我是沒有辦法安安靜靜坐著的。有時候在一個團體裡，我會覺得有點累，如果老師問問題卻沒人舉手回答時，我總覺得自己必須要說些什麼才不會讓這場面太冷。

我總是不斷地在想，要說些什麼才會引起大家的反應，所以我也不太聽得進去別人說什麼。這當然是我的職業病，一定要不斷地做反應、做效果，一定要不斷地表達自己的意見才有存在感。

隔天，我穿了一件高領的長袖配上長裙，整堂課我就非常安靜地坐著，不發表任何意見，也沒有太多表情，我在演一個乖乖女，一個會被忽略的人。

剛開始我真的如坐針氈，大家的討論，我超想回答，但我必須很努力控制自己不跑回既定形象。課上著上著，慢慢地，我發現其實這樣子也不錯，我反倒輕鬆起來，我不需要顧場子，不需要一直表達，我發現這不會讓我不舒服。然後，我也發覺，原來自己是個不會傾聽的人，我太急著發表看法，常常沒聽好、沒聽懂，沒聽進心裡感受一下。於是，我試著很專心聽別人說話，同時覺察自己又起心動念了什麼內在對白，我要一直提醒自己，只要聽！聽就好！

當我專心聽著對方說她的經歷，我可以感覺到她的痛。當我感受到別人的感覺，我相當地感動，原來人生的問題，大家都一樣，換個長相、換個模式而已，這是我第一次開始相信，人跟人是連結的。

同時我也發現，其實只要專心聽對方講話，就是一個支持他的力量，毋需發表任何建議。

之後，我變得比較能夠聽別人說話，除非對方詢問我的意見，不然我就盡量只聽不說，打開耳朵真的非常重要，耳朵連接子宮，子宮是女人最大性能量來源。

不知道是不是因為這樣，我到四十七歲還能生小孩。

當你不再拿好人牌，你就開始有了自己的勇氣

我在拍戲的時候，一直有一個壞毛病，總是花時間與精神去跟劇組的人互動，我想這是因為剛拍戲的時候，我們想爭取更多的工作機會，所以總希望能夠被喜歡。我總是很努力、很努力地討好別人，讓自己活下去。我最喜歡聽到「丁寧很好相處啊」這樣的話。

我的能量用錯地方，所以，戲也很難演得好。

也是女性性能量的課程吧，才上課第二天，安妮就要我們每個人對三個學員說出我們不喜歡她的地方，不用多作解釋，就直接說出妳不喜歡的地方，例如妳很高傲、妳看起來很自大之類的。

剛開始練習，大家都很難說出口，畢竟才第二天，大家還很不熟；再說我們太習慣稱讚別人，要走到對方面前，說出我們不喜歡她的地方真的很困難。但老師要求的練習，我們只好努力做做看。

我走到一個人的面前跟她說：「妳很自以為是。」走到另外一個人面前說：「妳很假。」走到另外一個人的面前說：「妳很軟弱。」

在我跟第三個說完的時候，突然知道這個練習是為了什麼——我所說出來的，都是我自己內在的狀態，我自己內在的狀態投射在別人的身上！

◇◇◇◇◇◇◇◇◇

關係是面鏡子，你不可能看到這個鏡子沒有顯現出來的。

◇◇◇◇◇◇◇◇◇

我明白了，我們對一個人的不喜歡、反感，甚至討厭，其實正因為我們自己就是那個樣子。

安妮說，他們在美國讀身體心理學時做這個練習，在她面前，有很多人排隊等著跟她說不喜歡她的地方，排隊喔。

當我們活得愈來愈像自己，討厭你的人會很多，因為他們不希望你活得像自己，因為他們沒有；同樣的，喜歡你的人也會很多，因為他們希望自己也能這樣。

「最後，請大家再去找同學們，跟她們說妳喜歡她們的地方，說這個，妳們會很開心對不對！」她笑笑地說。之後也很多人排隊等著跟她說，她們有多喜歡她。

從那一天開始我就告訴我自己，我不要再拿好人牌了。

我要做我自己。

療癒，就是用現在的你的能量，來療癒幫助過去的你

林奕含的離開，拖出了我這八年的恐懼。

還好這八年來我也沒閒在那裡只是害怕，我參加了很多女性療癒團體，我不知道該如何是好，我只知道，對於你所害怕的，除了面對，別無他法。

我不要這樣的恐懼延燒到我女兒身上，我不要她對這世界充滿戒備，深陷恐慌地長大！身為女性不是她的懲罰，應該是她的享受與學習。

其實我很氣自己會有這種恐懼，更氣這個恐懼真的影響了我，只因為我有個女兒。沒人灌輸我任何觀念，小時候也沒那麼多恐怖的新聞在嚇妳，小孩也不讀報，但不知為何，我從有點懂事後，大概國小三年級吧，就覺得「女生很容易被強暴」。

你可以說，我的環境比較不單純，小時候家裡開旅館，常看到男女間的交易。我不低視那些阿姨，除了交易的時候，她們多半的時間都是憂傷的，她們很疼我，可能是因為我跟她們的互動很自然；對於那些來消費的客人，我也不討厭，他們並沒有對她們不好。

我真的不知道這樣的恐懼從何而來，好像我一出生，就被植入一樣，我總是很防範男性，甚至面對父親我都會緊張，這可能也跟他常不在家，與我們存在著距離有關。

大概小學五年級左右，有一位當時我很喜歡，也對我很好，長得很帥的老師突然來我家。我家是旅社，他一身酒氣，滿臉通紅，我知道他不可能是來探訪家長。他看到我，就牽著我往裡面房間區走，他進到一間空房後坐上床，並拍拍床要我過去坐下。我站在門口感覺到一陣恐懼與噁心。昏暗的燈光，一個滿臉通紅、很疼我的老師要我過去，一直生活在不單純環境中的警覺這時起了作用，我很清楚這個男人要做什麼！我大吼一聲「不要！」就衝上樓，蓋上棉被發抖大哭。

這事我當然沒跟父母說，我知道他們會說我小孩子亂想，「人家是老師，怎麼會做這種事！」但從那天開始，只要是那個老師的課，我都趴著睡覺，他屁也沒敢吭一聲。

也從那天開始，我不再相信、懼怕、服從權威，我感覺到權威是一個很好利用的力量，可以令人膽怯，盲目服從。

隨著年紀愈來愈大，我愈來愈有力量保護自己，幾乎忘了這個從小跟著我的恐懼。

直到八年前，它在我生了女兒回家坐月子時，死而復生，大舉籠罩我的生活。

那時候的我，只要一看到有關女孩被性侵的新聞就會哭到不行，哭到馬修幾乎要禁止我看新聞。我哭著跟他說：「讓我哭吧！我也想知道，我為什麼那麼害怕，我不想一直這樣害怕下去，哭到底應該會有答案吧！」當然沒有答案，但至少我知道，我沒有去逃避這個問題。

我上了許多課程，身心靈療癒課程、女性療癒課程、女性性能量課程、關係課程，我想了解為什麼身為女人，就必須要擔憂這樣的事會發生在我們或我們女兒身上！這不是一個一直高喊男女平權的時代嗎？女人為何還一直活在這樣的恐懼下？

為什麼！

男女平權在哪？

在一次療癒課程裡，我猶如親臨性侵現場，目睹女孩的遭遇。

我對那位學員第一印象就是「她好僵硬」！幾乎是同手同腳的那種，她也無法自然回答問題，覺得她總是處在一個驚恐的氛圍裡，像一隻兔子一樣害怕。依我上了那麼多療癒課程的經驗，她一定是經歷過什麼嚴重的創傷，但我不知道這麼嚴重。

我們第一堂上課一開始，安妮請我們靜坐，然後問我們問題，大家都閉著眼，舉手就好。

「墮過胎的請舉手。」

「被性侵或猥褻過的請舉手。」

「這兩件事是女性生命中最難療癒的，所以我會依學員經歷的比例，來決定先做哪一種。」安妮說。

每一天我們會換位置，這是一種「世上沒有意外」的能量吸引，妳不會莫名其妙地坐在那一個人身邊，這一定有些什麼要學習的。

她一開口，我就知道為什麼我會坐在她旁邊。

我痛哭，痛苦不已，這是一個很嚴重的性侵害，女孩當時才十歲，送醫急救。她現在三十好幾，第一次說出來，第一次勇敢地讓自己進入這個痛苦，畢竟她遭遇性侵後的這二十幾年持續經歷這樣的痛苦，所以她選擇面對，試著療癒這個巨大的黑洞。

對她而言，更痛苦的是她父母親跟她說：「不要告訴任何人！」什麼事不要告訴別人？你覺得「丟臉」的事呀！到底是在丟臉什麼，這根本是在變相地告訴受害者：「都是你的錯。」

我像一個母親在經歷自己女兒的痛苦一樣，我提醒握自己，不要躲避，不要裝做沒看到，勇敢去感受這個痛苦，身為母親面對孩子所遭遇的痛。

那一個下午，我們花很長的時間幫女孩進行療癒，「雖然妳們沒經歷過這些，一起練習也是給她一個很大的支持，她很需要大家的支持，這樣的傷痛太深、太巨大。」

整個下午，淚流成河。

安妮是學創傷症候群的，加上療癒的手法，一層一層帶領女孩與大家進入這個巨大的黑洞，然後一步一步走出來……

事後我深深地擁抱女孩。

「謝謝妳，透過妳的痛苦，療癒了我的恐懼，我現在不怕了。父母總是努力保護孩子不受傷，但如果孩子就是必須經歷生命的某些痛苦，來學習他應該學的，我也無法阻擋。但我知道，在他受傷的時候，我一定會在他身邊陪他走。」

「我覺得，妳父母的痛苦應該也很巨大，妳可以跟他們分享今天的課程，希望他們也能放下這個痛，好好生活。」我也是母親，我相信她父母的痛不輸她。

這一堂課，太值得、太值得。勇敢的父母才會養出勇敢的孩子。過去的痛是為了讓現在的我們長出力量的，前提是我們必須勇敢面對。我愈來愈相信，你所經歷的一切，就是要讓你成為現在的你。但我們的身心，一定要一直在一種充滿覺知的狀態，才不會浪費了這珍貴又短暫的一生，既然都來學習做人了，就好好練習。只要你願意開始，都是最好的時機。

經過那天的療癒，女孩明顯地不一樣，肢體比較協調了，也不再擔心害怕，臉上的表情溫和甜美，像一朵晚開的花。

我好替她開心，她這樣的轉變也讓我放下對孩子的擔憂，我充滿希望，我不怕了。

瑜伽教我的事（六）

憤怒不會
帶給你力量，
只會消耗你的能量

如果早知道靈性可以帶給我這麼大的幫助，我應該很早就會得獎了吧。

我一直很想得獎，所以每一年的金鐘、金馬我自己都會準備得獎致詞。

不一樣的是，以前我想要得獎，最大的目的是「報復」，因為剛演戲時被欺負得很慘，曾經被一個劇組，下至服裝阿姨、上至導演的小老婆，燈光師與攝影師更不用說，每個人幾乎把我當成不是個活生生的人在罵，不過，那次真的是我的轉捩點。

我一直都在戲劇裡擔任不重要的角色，拍戲很辛苦，錢少又常要拖很久才能領到錢，日子很難過，有時都會心想不如回去當綜藝節目的花瓶應該比較好賺。

那一次悲慘的拍戲完，離開時我還九十度鞠躬，謝謝每一個人，一上車，車還沒開離開劇組太遠，我就忍不住在車上大哭，大概哭了半個多小時，我擦擦眼淚、擤完鼻涕，看著後照鏡的自己說：「妳自己想清楚，兩條路，要嘛放棄，要嘛跟他們拚了！」

我決定跟他拚了！

我什麼貓貓狗狗的角色都接，只要有台詞、有戲、有機會露臉，我帶著憤怒在做我最喜歡的事，心裡常想的一句話就是「你們不要等我起來」。

所以我無法享受拍戲的過程。那時我的假想致詞都充滿了諷刺與負能量，我希望那些曾經欺負過我的人感到羞愧。難怪我戲演不好，也得不了獎。

你就是自己生命經驗的源頭

開始練習瑜伽，也大量上了安妮開的課程，我慢慢看到，我自己就是自己問題的來源。

之前我特別提到，我在演戲時總存在一些困擾，其實不只是一些啦，是真的造成我很大的困擾。我很難專心，我很在意劇組人員對我的評價，拍戲現場的一舉一動都很令我分心，我又很在意劇組覺得我是不是一個好相處的演員，我花很多精力在跟他們「交陪」，所以我很難集中注意力在戲的角色。

上了安妮的課一段時間後，現在的我發現，因為我不夠愛自己，所以我在乎別人勝過我自己。想把角色處理好，我就必須好好跟自己在一起。

看到問題，問題就被解決了。

我開始觀察自己身體的反應，當我感覺心跳加速，我就安靜下來，呼吸、調節心跳。身心相連，心跳穩定，緊張的情緒便降低，即使依然緊張，我就跟我的緊張在一起，不要被拖進緊張的漩渦裡。

所以我可以慢慢地把我的注意力集中在自己身上，能量用在自己身上，我發現我變得非常容易專注，我很能夠快速地進入情緒，拍戲時我只關心自己，我知道我是值得被等待的，當我需要時間來醞釀我自己的時候。我是值得的。

不斷地歸零，就會不斷創造更大的可能

得到金馬獎之後，很多人對我的演出很感興趣，想知道讓我拿到金馬獎的那個角色是如何詮釋出來的。

因為出於對自己工作的尊重，以及了解自己的需要，我知道此時此刻的我

非常重要，我不好，這一部電影也不會好看，我百分之百的集中注意力在自己身上。

我在現場跟鬼一樣，沒有人敢跟我說話，我也不會跟任何人說話。我非常感謝「幸福城市」的何蔚庭導演，他非常尊重演員，並且很了解演員的困境，與需要得到的支持。

他在現場跟劇組所有工作人員說，除了有必要，請不要說話、不要聊天，需要說話的時候請小聲一點，不要影響演員的情緒。

這部片是使用三十五釐米影片拍的，事先我們已經在排練場拍了很多遍。我們是毫無保留情緒地在排練，到了現場也是必須要配合燈光、鏡頭等各方面再繼續排練，我們必須非常精準，才不會浪費影片。

在以前，我一直是一個非常害怕排練的演員，常覺得我最高漲的情緒只有這兩次，若排練時都用掉了，正式拍的時候，我哪還有情緒？

瑜伽，總是教我接受眼前有的，接受，就不會心生抵抗的情緒，來消耗你的能量。

我提醒我自己不斷地回到原點。

每次當我們要再重來一次的時候，我總是請導演給我五到十分鐘的時間，我安靜地坐著呼吸、靜坐，清除掉上一次那個鏡頭的感受與強度，無論我上一個鏡頭演得多好或是多感動人，那都過去了，我讓自己回到一個全新的開始，然後再來一次。

並且提醒我自己，不要留戀上一次的演法，重新得到什麼樣的感覺，就怎麼走，跟著自己當下的情緒，看這一次帶給自己什麼樣子的感受。

所以我可以在一個非常重要的情緒裡面，不斷地重來、重來、重來。在很多次的重來，很多次的歸零下，我慢慢地擴張自己的限制，因為不期待，因為一直跟著當下的感受移動，有很多個鏡頭所呈現的表演是前所未見的，我非常驚訝自己有這樣子的深度。

瑜伽教我的事情，結合了我的經驗，讓我拿到的金馬獎，同時打通了我的任督二脈，我對於處理深刻的角色與情緒變得相當上手有自信，這的確把我的演藝事業帶到了一個高峰，從目前的狀況看來，未來我也會繼續往上走。

核心瑜伽　進階班——強化核心

一、有氧船式（BOAT POSE/NAVASANA）

1. 坐著，彎曲膝蓋，並且抬起雙腿讓小腿平行地板，雙腿併攏，腳趾對著自己，四根手指扶住雙膝蓋下方。（1）

2. 吸氣，吐氣雙腿打直手掌放在膝蓋兩側，胸口往後延長，放鬆肩膀、頸部，不要駝背。吸氣用腹部的力量再將膝蓋收回來，手再回到膝蓋下扶著，吐氣雙腿再打直往外推，重複十三至二十六次後，休息三十秒。（2）

1

2

小叮嚀

注意力都放在縮短腹部的腹直肌，不該用力的地方都不應該有痠的感覺，特別是剛開始還不太會使用腹部的力量時，會常用到下背的力量，下背會痠，這是過程；也會想用肩膀跟脖子的力量來幫助完成動作，所以，請特別注意放鬆肩膀跟脖子，注意胸口要往後繼續延長脊椎。

二、搖擺船式

工作完腹直肌，工作兩側的腹斜肌。

再提醒一下，如果我工作腹部，痠的就應該只有腹部，如果別的地方也痠，表示要更放鬆那些不該痠的地方。當還不會掌握肌肉時就會全身亂出力，就會亂痠一通，老話一句，持續多練習就會愈來愈能掌握肌肉。

1. 慢慢躺下，雙腳併在一起，腳尖勾起來向天花板，雙手掌放在大腿兩

3

4

側。（3）

2. 吸氣上半身抬起來下背離地（4），再一個吸氣雙腳也離開地面。放鬆肩膀跟脖子，眼神輕輕往上看天花板，力量集中在腹部（5）。

3. 吸氣將身體重心慢慢移到左臀部（6），吐氣移到右臀（7）。吸氣左邊吐氣右邊，持續十三至二十六下。

小叮嚀

我知道那種痠緊，腹部兩側有要爆炸的感覺才是對的，剛開始會很二二六六，很正常，你的身體還在摸索腹部肌肉的啟動，要很有耐心對待自己，這樣，才會有耐心對別人。

非常痠時可以試著笑著說出來：「哈！哈！好痠喔！怎麼那麼痠！哈哈！」你會發現說出來與笑著做會比較不累，很像我們生命中遇到困境時，說出真實的感受不要壓抑，帶著笑容去面對，你會好過很多，做瑜伽時痠痠痛痛的感覺，其實就是我們面對困難時的感覺，透過做瑜伽，讓我們學習另一種面對生

5

6

命起伏時的態度。

剛開始會很煎熬，特別是腹肌弱的女生，請保持正面且開放的態度，去感受那痠緊，穩定呼吸，並且帶著鼓勵的態度來幫助自己，你才能持續激勵自己離開你的舒適區，不斷離開舒適區，改變才會到來。

注意力在腹部，可強化側腹斜肌與雕塑腿部。請慢慢做，不要用晃的力量喔，並且持續放鬆肩膀與頸部。

三、交叉抬腿上提

耐心是一種美德，而腹部是我們耐心的來源，生活中有太多需要耐心相對的事，你的家人、朋友、事業，還有自己。培養耐心，就是願意釋放更大的空間與可能性，並且相信有一個更大的力量在引導著你。

1.平躺，雙手在身體邊，手掌貼地，慢慢將雙腿舉高九十度到天空，雙腳交叉腳趾勾起來對自己（這樣腿部肌肉才會啟動）。（8）

7

8

2. 將注意力放在腹部，吸氣，吐氣雙腿直直往下放，不要碰地，吸氣往上帶起來然後交叉換腿，吐氣再下吸氣再上換腿。二十六次。（9）

簡易版 1. 若覺太辛苦可以將雙手放到臀部下手掌朝地，支持你的腹部。

簡易版 2. 也可以選擇簡單的腳一上一下也行。二十六次以上。（10）

小叮嚀

你可以做得慢，愈慢效果愈好，如果中間太累可以雙腳停留在天空休息一下，或用手扶住大腿來做。還有，放鬆肩膀、脖子不要出力喔！不然又要做伸展肩膀脖子的動作了。

四、L式腹部練習

剛才我們說過肌肉在訓練時會縮短並且變硬，這個動作就有機會體會到這感覺，很簡單，但很有感，堪稱地表最強的核心運動！

10

9

1.躺下，雙腿往天空伸展，雙手可以彎曲，手掌交疊在脖子下，護住頸部，讓頸部不要用力，放鬆躺在手掌間。（11）

2.吸氣薦椎（靠近股溝那塊骨頭）往上提離開地面（12），同時肩胛骨也往上離開（13），這時你的腹部肌肉就被縮短，你可以用手指戳戳腹肌，要是硬的，很硬的；當肌肉是硬的你用力戳就不會痛，戳戳後確定腹部是硬的持續一分鐘（14），手回到頸部後面。

一分鐘休息放鬆一下，做三回合。

所有步驟完成後，請使用小孩子式與大休息式進行伸展與能量的沉澱。

小叮嚀

我必須要說這是個很厲害的腹部動作，很累，但效果很好。不只是躺著，站著沒事時也可以縮短腹肌，戳戳自己，隨時鍛鍊腹部肌群。

11

12

14

13

第七課

重心代表你的態度，方向幫助你創造出空間

練習瑜伽，如果沒有學習、覺察自己的習氣與慣性，沒有練習去感受自己，瑜伽就只是體操，眾多運動之一而已。

如果你有幸遇到一個用身心靈教課的老師（是滴是滴，我本人就是），透過在瑜伽墊上所看到的、所感受到的自己，你就可以有選擇權，決定要不要改變自己的人生。但無論要不要做改變，你意識到這個行為模式，就表示你已經在改變這件事的能量流動方向了。如此瑜伽就不只是運動，更是一種身心靈互相練習的方式，瑜伽成了改變生命的力量。

我練習「艾楊格」（IYENGER）的老師老甲說：「練習瑜伽時，做到這兩件事，瑜伽就可以做

得很好。一是重心，二是方向。」重心大家都清楚，方向就是前後、左右、上下。

當你伸展後背，需要穩定大腿根部往後推的力量，再將胸口往前，帶著薦骨往前延伸，往後推、往前延伸，這兩個方向力道平均，上半身才會被延長。試想，如果你只是胸口延伸，卻沒有一個力量穩定往後，你只會一直往前，然後失去重心跌倒，當然也做不到伸展效果。

心靈與身體就是這兩股力量。心靈不斷開展擴張，飛太快太遠，腳就無法著地穩定，必定失去重心而摔倒。身體就是另一個反向力量，扎深穩定你的根基，心靈去多遠、多寬闊，身體就要更有力量地抓住你，往下安住，身體與生命的空間才會出來。

身心靈生活，就是用你全身的正、負、裡、外、明與黑暗的能量在生活

記得有一位宗教領袖說：「人可以不要有信仰，但一定要有靈性生活。」

對我來說，所謂的靈性生活跟無靈性生活的差別在於，假設我們的一場人生是一支手機，沒有靈性生活就像舊款手機，只能打電話傳訊息，但其實也足夠，不過是一支手機嘛！反之，靈性生活就是智慧型手機，你可以做更多事、吸收更多資訊，可以傳照片、玩臉書、跟世界有更多的接軌、更

多的樂趣，更多的可能性發生在生活裡。（我不確定我這個比喻好不好，我覺得智慧型手機帶來的傷害也不少，好啦，別跟我計較了。）

我們那麼在乎手機的功能，卻不在乎自己生命的功能？

有人說，人的潛能像冰山，我們看露在外面的冰山其實只占百分之七，其他百分之九十三都在海下面，換句話說，我們只用百分之七的能力在過活，另外的百分之九十三都浪費掉，當成我們沒有！

是的，我們一直坐在寶藏上大聲喊窮。我們就是自己最大的寶藏，根本不需要向外追尋讓我們更強、更好的力量，所有我們需要的力量，就在我們自己身上，只要你能安靜下來，往自己的內心看去，你就會看到自己擁有的，超過我們的想像多很多。

我知道你要問，靈性生活平衡帶來的具體好處，包括：

一、讓你的生命更細緻敏感多變，不會一成不變。

二、你會更容易接收到一些訊息，來調整自己的生命態度，讓自己成為一個更好的人。

三、你會為自己做出正確的決定，因為跟隨你的心，你才不會迷路。

四、你會勇於嘗試不怕失敗，因為失敗不代表失敗，是更多的學習。
五、你不會把注意力放在別人怎麼看你，會比較在意自己怎麼看自己。
六、你不會把自身的價值局限於外在的物質條件，你知道生命中最大的價值是無形的力量。
七、你不介意自己有錢，也不會瞧不起別人窮困，這兩者是一樣的，老天爺對每一個人都有一套計畫。
八、你會善良慈悲，但不做爛好人或執意拿好人牌。
九、你不怕別人不喜歡你，懂得拒絕別人的惡意來保護自己。
十、你會接受生命的可能性，並完全打開心胸歡迎。
十一、你會快樂。
十二、你會平靜。
十三、你會愛自己。
十四、還有更多我現在還未想到，或還未達到的好處持續增加中。

而缺乏靈性生活的人呢？

你隨便看看身邊那些不快樂，或老是在抱怨、批評別人、嫌自己老是歹運的人，或是上述十四項你都沒有，並且對那些陳述感到很陌生，大概就是缺乏靈性生活的人。而我，以前就是這樣。

我以前覺得學習身心靈的，一定都是一些所謂條件比較不好的男女，外表不被注意，只好搞些心靈有的沒的來證明自己。瞧瞧我以前多膚淺，但我現在才知道，那時候會這麼想，也因為我不愛自己，我只有外在條件可以讓自己有點存在感。

但是我以前也不知道，自己不愛自己。

過去我一直覺得我很愛自己啊，感情上，在一段關係裡我一定要占上風，一定不讓對方開口跟我分手，一有什麼不對勁我就提分手，對方什麼事都要以我為主，我最擅長的就是折磨我身邊的人；工作上，我很難溝通，情緒很多，常常覺得製作單位在整我，我總是很努力、盡量討好別人，然後回到家一關門，就蹲在地上哭；在人際互動上，我很在乎別人的看法，我太在乎，我總是會背上幾句書上的經典，想法子引用在跟別人的對談裡，顯示我文青多才藝……，我用很多力氣向別人證明我是誰。

所以常覺得好累。好累。

但，我以前從沒看到這些問題，我一直覺得，自己好得不得了，不快樂是人生常態，你去問問身邊真正快樂的人有幾個，不多嘛！不快樂很正常，不是嗎？

我跟安妮上課三年多後，有一次錄完影，跟陳為民大哥閒聊，他說：「丁寧，其實妳蠻有趣，也蠻能聊的耶！」我納悶說：「我不就一直都是這樣？」

「哪有！妳以前好ㄍㄧㄥ喔！好像覺得每一個靠近妳的人都要把妳怎樣一樣，妳以前全身長刺。」他說。

我愣了一下，原來我自己是這個樣子，但我不知道！

所以我更確定，我的學習與改變是完全正確的。

以前我用「保護自己」的態度面對這世界，窩在自己小小發臭的洞穴裡，眼睛看出去，就這麼大小，我一邊抓著身上的蝨子，一邊告訴自己，外面更危險、更多傷害，被蝨子咬只是癢，不會死的，就窩著吧！

我這樣浪費了我三十六年的人生。

不過，沒有之前的「夠痛苦」，也不會有對現在改變的珍惜與感激，任何事都會在最應該發生的時候發生；任何時候開始改變，都是最適合你的時機。

現在的我，是帶著「接受所有的發生與改變」的心態來面對人生，既然接受，就不會焦慮、不會抱怨、不會有為什麼不是我的心情，也不會將自己的能量浪費在拉扯，在是或不是，在對或不對。現在對我來說，什麼事都是好的，都是最適合我的，我的能量單純集中，面對來到面前的事，自然也就能集中火力處理，想不做好都難吧！

因為，人最痛苦與浪費能量的就是「掙扎」。掙扎的意思就是，兩頭拉扯！想想一個人要對抗被往兩邊拉開的情況，是最耗費力量，也是最消耗心力的，當心力都浪費在掙扎上，哪還有力量面對要處理的事？

所有能把自己事情做得好的人，都是能量集中的人。

身心靈能力的提升算是件好事嗎？

一本書看到這裡，你應該會問：身心靈能力的提升，會讓我對很多感覺更敏感，那豈不是對痛苦的感受也更敏感呢？這樣我不會更痛苦嗎？尤其這個世界有那麼多不好的事發生，我那麼在乎自己，不就更痛苦了？

打開窗戶讓空氣流通，可能會將灰塵帶進屋子，難道因此就都不開窗戶嗎？

空氣流通會將一些室內髒空氣帶出去，至於灰塵，換上短褲，捲起袖子，找到適合的清潔工具，擦一擦就好了。

你對身邊發生的事愈敏感，當然愈可能造成一些痛苦，但你也會因為想去「處理」這些痛苦，而做一些什麼；即便你什麼都沒做，但在心裡祝福受苦的人，起心動念之間，你的能量也一直在往善的地方移動，因此你就會吸引更多的善在生命裡發生。

身心愈敏感，愈能辨認出什麼事會對你造成傷害，自然會去降低這事發生的機率；或是不讓自己等到已經被傷害得很深了，才爆發出來，這時的傷口就深得難以療癒了。

或是，你也能透過「看似受了傷」的狀況，來覺察到自己生命中該學習的功課，不會一直處在被害者的角色，當然就不會出現加害者，你的生命中將不再有敵人或爛人，每一次帶給你「更多學習」的，都是你的貴人。

身心靈能力的增加，帶給我生命很多幫助，我現在能過著以前想像不到的美好生活，都是因為這個能力。

自序裡提到被咬到屁股衝出山洞的事，「舊手機人種」在情感上受了重大創傷，基本上一定認為「為什麼是我？」，雙膝跪地，臉向天空哭喊，雙手抱拳憤恨狀。

我當初也是這樣的感覺，但因為我的心太痛苦，痛苦到身體已經無法承受，所以接受姐妹們的提議去做心理諮商。我的諮商師就是我的瑜伽老師安妮，她既專研創傷症候群，也是一位佛學碩士，加上我跟她學習身心靈課程一段時間，她的諮商自然「靈性」很強。

我本來一直認為，我要諮商感情問題，誰知道透過安妮的引導，第一個浮現我心裡的人，竟是我過世的爺爺！一路下來三、四個月吧，我的諮商一直在處理我跟家庭成員的問題，特別是父母在我童年功能的失能中，所帶來的陰影，讓我無法信任人，也不知道如何愛自己，這些都影響著我對愛情的不信任與對未來的恐懼。

這些諮商先療癒了我的舊傷口，讓我看到影響潛意識的能量是什麼之後，我開始重新跟父母建立起連結。他們是我生命中最重要的兩股力量，就像蓋房子的地基，地基打愈深，房子就能蓋更高。

療癒完我跟家人的關係，我覺得不需要再處理感情的痛了，因為我知道自己為什麼會這樣，並且深深感謝那位傷害我的「貴人」，因為有他，我才有機會療癒過去的自己，看到自己，並且開始愛上自己。

我深深的理解到：「是的，應該是我！感謝是我！」

你的能量，會吸引跟你有相同能量的人，這是吸引力法則。也就是說，能量弱的時候，不要輕易跟人交往或嫁娶對方，這樣只會讓彼此更不好。發爛的水果只會吸引蒼蠅，新鮮的花朵則吸引到蜜蜂。

我接下來一路懷孕、結婚、得獎，的確經歷著自己想像不到的美好人生，這都是靈性力量帶給我的。世上沒有意外。不過，話說回來，此時此刻跟你相遇的人，一定是你必須透過他來學習什麼，每個關係都有階段性任務。

抵抗是最消耗能量的

跟我一個朋友在聊，她說她很容易緊張，常常覺得自己事情做不好，她對自己有很深的批判，在她身上，我好像看到以前的自己。

「妳就接受自己現在這個樣子吧！接受妳的緊張，接受妳沒有辦法做這麼多事，接受妳現在跟妳的伴侶是有問題的。妳只要知道就好，也不要急著去改變什麼，因為妳現在沒有改變的能力。就先這樣吧！」

「那我跟伴侶的問題呢？我需要解決嗎？」她問。

「妳現在沒有解決的能力呀！同等的能量才會互相吸引，妳能量低，就只會吸引到一樣高度的對象，妳現在能量不好，怎麼有處理的能力？一如妳沒有錢，怎麼借錢給別人？

妳只要有意識到這一點，知道自己的虛弱，然後，好好照顧自己，去做很多自己會開心、對自己好的事，把自己的能量養好了、能量足夠了，自然知道該怎麼處理你們的問題。而且到那個時候，妳就會無法再忍受你們這樣的關係了。

先好好休養生息吧。

而且，妳的每一段關係，都有發生的必要，都是妳要透過這段關係去看到或學習什麼，無論結果如何，妳都要感謝對方帶給妳這個練習。在某個程度上，他也是妳的貴人。

不要急，先照顧好妳自己吧。」

接受自己，就是尊重自己現在的狀況，至少是愛的表現。

身心靈的敏感，也保護了我不受到身體的傷害

靈性的敏感不只幫助我選到對的人，還保護我與我的家人。人是這樣，我們會因對方說話的內容與態度，來判斷這個人值不值得相信，也就是說，我們大多用或只用「腦子」做所謂理性的判斷，但如果對方很能演或很能說呢？

我生命中發生過一件判斷錯誤、導致後果不堪設想的事。

三年多前，有一次我自己開車帶著兩個孩子，去三峽一家溫泉飯店找我的家人。GPS帶著我亂繞了一條比較小的路，當下我決定不要再跟著導航了，問路吧！

我看到一部車停在我前面，一對男女坐在車上，我一下車，車上的中年男性也跟著下車走向我。我告訴他，帶著兩個孩子要去那家溫泉飯店，但迷路了，請問怎麼走？

那位男性看起來很好意地瞄一下車上的孩子，姊姊那時才六歲、哥哥兩歲。他說：「沒問題！我家就住那附近，我只是跟我老婆出來走走，正要回家，妳就跟我的車吧！」

他說的完全沒問題，我也完全不疑有他，況且他車上還有一個女人，這讓我放心。他帶著我往更小條的路開去，那條路的寬度只能容納一台車，他還停下來過來跟我說，要我跟好他。

我不知為何，就是全身都很不舒服，全身都痲痲的，不過他看起來很良善，車上還有老婆，而我也沒有理由不相信他。

但，我就是「全身非常不舒服」！

即將繼續更往前方窄路前進時，我看到旁邊有一小條路，我估量，如果想要回頭，這是唯一的機會，但我又很猶豫，對方看起來這麼好意，如果我這樣跑掉是不是很傷人？我是不是要跟他說一下？眼看就要過了旁邊那條小路，我的不舒服也衝上了頭，太不舒服了，我無法繼續跟著他！

就在我準備倒車進入那條小小路時，有一位阿嬤騎著摩托車迎面而來，我趕緊問她，繼續往前會到溫泉飯店嗎？

阿嬤高八度地說：「毋通啦！下去都沒路了，之前颱風下面都坍塌了，千萬不要再開下去了！」

我嚇死了，非常專注快速地把車倒進小小路，用「我倆沒有明天」的心情硬是把車掉頭回來，急速離開。

回到大馬路，我把車先停在一旁，全身顫抖不已，腦袋一直跑出一些很恐怖的畫面。我不停地深呼吸讓自己平靜後，慢慢開車去找家人。

事後我常想起這件事，我相當感謝自己的敏感。我是用全身的細胞在判斷眼前的事，不是大腦，所以能超越邏輯與語言的死角，為自己做出最適合的決定。

勇敢的能量，只會帶你走向更大的勇敢

我生命中有幾件事，對我有著相當大的啟發，我不是生下來就充滿勇氣的。

我必須承認「挺同」這件事，之前我本來還是怕怕的。我們是表演工作者，大部分都是人家有決定權要不要用妳，所以，我們都盡量當一個不要選邊站的人比較保險，更何況我不紅。

第一次的同志遊行我相當震撼，以前我不是很表態支持同志的人，那時沒那麼帶種，可能那時懷孕，也讓我比較有勇氣，再說我同志朋友約，我心想孕婦也需要走路，遊行不就是走路嗎？

那一場遊行後，我成了我想要成為的那個人。

從凱道回來，不得不承認自己已懷孕五個月，真的有點累，打開房門，馬修跟 Audrey 還在睡午覺，躺在 Audrey 身邊，摸她的小臉小手，幸福滿溢，但也心頭一緊，想到這麼簡單的幸福，很多人卻得不到。去一趟遊行回來，好多感受，但覺得需要時間沉澱，握著她的小手睡著，好珍惜。

醒來，一家子去吃晚餐，整間餐廳幾乎都是家庭來用餐，小孩的嬉鬧聲、談論孩子的對話，整個空間氣氛和諧平穩，讓這冬夜好溫暖，這也是身為人的快樂來源，突然慶幸起自己是異性戀，否則是享受不到這樣的權利，為人的基本權利。

有人問過我，如果我的孩子以後是同志，我會如何處理？

「沒什麼要處理的，父母親不是孩子的支配者，是他們的支持者，特別是當別人不贊同他們的時候，我們更要支持他們。不過，我會讓他自己選擇，是否要對這環境坦承自己的同志身分，在台灣我只擔心他被過度歧視，但如果壓抑自己的性向更苦，也許我們會選擇去美國，這會是我唯一離開台灣的原因，我很愛這裡，我希望一輩子住這裡。」我回答。

原本真的並沒有要去凱道支持同志婚姻，我覺得自己也沒有那麼勇敢，我還是需要看人臉色接工作，五個月的身孕，其實也沒那麼方便。但在新聞上看到反對修民法的言論，又傷心又憤怒，我一直以為我們很民主了，原來只是異性戀的民主，你跟我們如果不一樣，就享受不到。我們從小被教育要照顧弱勢的人，但卻有那麼多人，大剌剌頂著連他們自己都做不到、搞不懂的教條，來壓迫跟他們不一樣的人，我想，我們的教育真的出了問題。

於是我來到凱道，經歷了好多我人生的第一次體驗。

我總覺得台灣人民是和善的，也覺得即便有這麼多反修法的人，但大家應該都還是溫和有理性的，何況這些都是宗教團體，神不是教導世人要相愛嗎？反正你們人那麼多，我們只是一小撮為爭取基本權力走上街頭的人，你可以支持你的，我當然也可以支持我的，瞧，多美好的畫面，不就是民主社會嘛！

正當我這麼想的同時，我們被團團圍住了，這些反對同志婚姻的民眾，手牽手，戴著口罩、墨鏡、帽子全武裝，臂膀別著糾察隊的貼章（咦，我們不是有警察北北嗎？為什麼他們還要有糾察隊？）我也不懂他們為什麼要打扮得像搶銀行一樣。你如果在做一件內心真的覺得正確的事，何需如此蓋頭遮臉、隱藏自己？

後來，支持同志的牧師帶著我們為「糾察隊」與在凱道上的反對者祈禱，希望他們知道自己在做什麼，並且祝福他們找到內心的愛與平靜。祈禱時我哭了，為別人祝福本來就有很強大的能量。這群被壓迫的人，同志朋友、支持同志的朋友，在此時，放下憤怒，依然在釋出愛與尊重。

通往真理的道路本來就很艱辛，但有愛與勇氣相隨，一切都不難。

我們轉往立法院門口跟其他的支持者會合，一路上，我感受此生第一次被歧視的感覺。

我是一位公眾人物，到哪都會享受到一點優待；我支持同志婚姻只是覺得人生而平等，但我從沒體會過他們的心情，走進人群，整個氛圍很不友善，甚至讓我有點恐懼，我們盡量走在邊邊，但殊不知，一直有糾察隊在追蹤我們的足跡，他們過來要我們離開，因為這是他們申請的路權，我們舉不同旗幟的人「不能」走這裡。我真的很驚訝！我是在台灣台北耶！同行朋友擔心我有身孕，就帶我繞遠一點的路（其實很遠）！遇到了警察，我們跟他反應糾察隊說的話，他說，怎麼可以這樣！

一路上，我一直在感受，原來被歧視就是這種感覺，會讓你很緊張、恐懼、心不安穩，我第一次想感激父母親給我異性戀的基因，讓我不用活在這種壓力下。

當然更心疼同志，這一路，你們真的好辛苦，但這麼辛苦，你們依然要捍衛自己的愛與真實，為了爭取自己與下一代同志的權利，也為了身為人該享有的平等待遇，努力搏鬥。我很尊敬你們，你們激發我的勇氣、拓展我愛的視野，我不能只是自己安心快樂過活，然後偷偷慶幸我是異性戀就好。

教條與規範不會讓我們更好、更進步（現在社會的亂象就足以證明），台灣很小，所以我們心胸要更寬大，要更相愛，我們需要每一個人的愛來支持台灣往前走，不要使用語言暴力，你說出來的每句話，都代表你這個人的能量，不要散播恐懼，要去正視你內在的恐懼是來自你自己，與同志無關，同志也無法解放性，過度壓抑性的人才需要解放，並且正視你的性能量，它可以帶給你活力與創造力，然後，試著去接受你不認同的人，那種愛會很震撼你、啟發你、轉化你，讓你看見自己比想像的更有力量。

神愛世人，神創造同志，來教我們如何懂得愛、執行愛、拓張愛的寬度，愛就是愛，不分同異性戀。

我覺得，如果我活到這麼大年紀，都無法說出心裡的真心話，那我真是白活了。

之後，我開始積極參加很多同志運動。

很多同志朋友會上網留言感謝我的支持，其實我更想謝謝他們，因為他們讓我看到愛的真相，也更珍惜我現在擁有的愛，如同我在金馬獎時的致詞，「唯有愛可以改變這世界，唯有愛可以消滅所有的紛爭，改變這世界需要不一樣的力量，我們就是那個力量，因為，愛最大！」

愛是世上最理智的一件事，也是通往幸福唯一的一條。

親愛的同志朋友們，不要再謝我了，你們不知道我從你們身上得到多少。好啦，如果還是要謝謝我，就好好活得像自己，活得花枝招展，活得理直氣壯！

愛沒有勇氣，是展現不出來的，不斷地展現你的勇氣，你才是「完整」的

因為超高齡懷孕的關係，我最常聽到的，除了恭喜之外就是：「妳好有勇氣！」每次聽到，我總是笑笑地說：「啊我就『憨膽』。」想這麼多幹什麼，人生是走出來的，不是想出來的。

話說得輕鬆，但這一路下來，心臟真的是慢慢養大的。

之前我提過自己相當膽小，什麼事都想超多，做什麼事也都沒信心，老覺得自己很衰，更害怕改變，我喜歡大家都喜歡我、讓我有存在感，我決定任何事，都是以「別人會怎麼想」為前提，說穿了，我就是一直想討好別人、討好這世界，但總是沒想到要討好自己的人。

直到三十四歲那年，我突然覺得，仔細算來我根本沒為自己活過一天，我恐懼這世界三十四年

了，有一半的生命都消耗在恐懼裡度日，我藉由明星光環獲得許多關注，當然失落更多，靠喝酒、強迫健身，來轉移自己對未來的恐懼……，我覺得我真的受夠我自己了！

厭倦自己就是改變的開始

從那一天起，我開始面對自己，我想知道自己在怕什麼。

我常分享我對恐懼的感覺是：你以為你還沒到地獄，其實你已經站在地獄的門口，你感覺得到、聞得到裡面的氣息，你雙腿發抖、四肢冰冷，任何風吹草動都足以嚇死你，你以為你可以往後跑，但其實你跑去哪兒都一樣。

你只有兩個選擇：一、繼續站在門口害怕不已，任由害怕擺布你；二、往前走，穿越地獄，跟他拚了，這是唯一能改變的機會。

我想，在內心深處，我依然相信我是可以過屬於自己人生的，所以我選擇面對我的恐懼。我也相信，任何一件你有感覺的事，都是來讓你學習、讓你變得更好的。

就這樣，我從第一次懷孕嚇到要死、第三次懷孕也同樣一整天讓我不敢置信，到我願意接受生命的安排，相信會發生在我身上的事，都是我已經有這個能力去面對處理的，一次一次，我從不同的生命事件裡不停地被激勵，累積成現在的我。

其實我壓根沒想過自己會成為一個這麼無懼無畏的人，這已經超過我對自己的期待。你說我對第三個孩子的降臨會不會擔心，會！我會！我的擔心跟你們想得到的一模一樣，但，孩子都願意跟我們了，我當然願意接受這個挑戰。

即便你覺得害怕，但還是願意勇往直前，這才叫勇氣。而愛沒有勇氣，是展現不出來的。有愛，就不會怕了。

用任何形式來換取愛，都是不道德的

今天下午錄影時，跟兩位新認識的工作對象聊天，兩位都是女生，也很自然地聊到懷孕，她們一直跟我說「真是辛苦妳了」。

「不會壓，我覺得懷孕還蠻好玩的，每天我都在想，肚子裡的小傢伙在幹什麼？」到了第三胎，胎動得更厲害，真的蠻有趣的。

「哇！妳真是我見過最正面的孕婦了，我身邊的友人都叫苦連天，我們聽了都好害怕懷孕。」她們兩個面帶驚訝地說。

我停了一下，嘆了一口氣說：「這就是東方女人的問題，我們被教育出來一些奇怪的中心信念，要堅強、偉大、忍人所不能忍、要當一個好媽媽好女人。偉人要有偉大的事來襯托，所以，我們喜歡透過描述我們所經歷過的痛苦，來換取別人的愛與掌聲，我們的母親或婆婆經常如此，當然過程一定添加了許多戲劇效果，因為東方女人的存在感，常常是建立在別人的需要、認同與誇讚中，殊不知其實無形之中也在變相地散播恐懼。」

我有一位家族朋友，當我剛懷第一胎時，她總不斷地跟我說一定要打無痛分娩，不然會多痛、多痛。我回答她到時再看看，因為，練習瑜伽的人對痛有不同的面對方式。這位朋友每次聚會必定一說再說，甚至威脅我，叫我不要鐵齒，到時候痛死我。

那一次我真的火大了！

「請不要再跟我說這樣的事了！妳的經驗不會是我的經驗，它也成為歷史了，請留給妳自己，我會有我自己的，請尊重我，不要再說了，不然我會很生氣，謝謝。」她是她、我是我，我不會因為妳所熬過的痛苦，而覺得妳有多偉大，因為這是妳的人生、妳的選擇。

當你無意識地不斷訴說你經歷了什麼，你便忘記了更重要的事：每個痛苦背後，都有更高的智慧與學習等我們去發現。

當你只想將你的痛苦用來換取別人的愛與尊敬，這個痛苦就真的只會是痛苦而已，可惜了這個難得的痛苦。

再說，別人給你愛，其中也承受著你夾帶的壓力，這樣的愛也不能稱為愛，比較像交換的形式。如果我們不能看懂這些，只會不斷地在痛苦裡輪迴，不斷地用痛苦交換愛，不斷地覺得愛得不夠踏實，因為你依然沒有存在感，就感受不到愛。

恐懼的人只能給出恐懼。有愛的人，給出的都是愛。

下次當妳要大肆宣揚妳的生產過程，或照顧家人有多辛苦時，不妨感受一下妳只是純分享，還是潛意識在盤算些什麼。

你必須要辨認
所有你吞下肚不說的，
是家和萬事興的概念，
還是軟弱

一個男人軟弱，頂多害了自己；一個女人軟弱，會害了一家子人，或是說，害了更多女人。因為軟弱帶來無知，無知無法分辨是非，則會造成更大的傷害。女人軟弱，才會容許丈夫誘姦他人，還願意支持他、與他維持夫妻關係；女人軟弱，才會讓自己的同居人虐死自己的孩子，自己也成了幫兇；女人軟弱，才會在自己女兒遭人性侵後，還要她不要報警、不要張揚、不要告訴別人。

我是一個女人，我也曾經軟弱，只想討好別人的活著；當我有機會看到自己的軟弱後，我也看到了自己變成強壯的機會，看到我可以過著我要的那種人生的可能性。因為有機會看到，於是我選擇成為一個有力量有意識的女人，於是我走到這。

你沒有說，就不要認為對方應該要知道

結婚沒多久後，媽媽最常跟我說的就是——凡事忍耐一點。

「媽，妳什麼都不說，忍了一輩子，妳的人生有比較好過嗎？媽媽這種以

前的觀念，造成妳在婚姻裡面這麼不快樂，妳希望我跟妳一樣嗎？」我說過，我期許自己只說真心話，但像這種刺耳的話我只會說一次，我也認為不要去假設父母親他們沒有學習的資格跟空間，你說出你該說的，他們會怎麼去感受這件事，就是他們的事了。

我們要相信我們的父母親，如同相信我自己一樣。

我們在上課的時候提到，孩子常常會看似遺傳父親的個性，也就是說我們依然活在父母親的能量裡面，不是自己的能量。

我總是相信，在我的生命中有很多緣分。我有一位好友因為乳癌過世，上課時安妮提到關於語言說出口的力量。

「所有應該說，但沒說出去的話，吞進去肚子裡，就會變成一種負面能量累積在身體的性器官，累積到一個程度後，就會轉變成有形的病症。」

因為我那時沒有時間好好陪我那位過世的朋友，這是我心裡的遺憾。後來我身邊有幾位女性朋友也陸續得了乳癌，我深深覺得這是一個訊息，必須透過我所學習，來幫助其他女人。

懷孕前我停掉了所有瑜伽教學課程，唯一沒有停的就是乳癌基金會的課，我知道這些女人很需要我，我也很需要從她們身上學習。

那個星期的療癒練習看似很簡單，但效果相當強烈。分享討論時，我問了幾位女人，當別人說妳軟弱時，妳的感覺是什麼？

一位年約六十歲的同學眼眶含淚顫抖地說：「我不認為我是軟弱，不是說要『家和萬事興』嗎？」

我看著今天來上課的十二位女人說：「我相信妳們也都對這句話深信不疑吧？」每一個人看著我眼神默默點頭。

「那妳們一定更信『忍氣吞聲』與『委曲求全』這兩句話吧？」大家的反應相同。

「那請問，妳們過得開心嗎？妳們的『忍氣吞聲』與『委曲求全』有讓妳們得到快樂嗎？妳們深信不疑的『家和萬事興』有興到誰嗎？頂多是興到讓老公更霸道、更不尊重妳，妳更沒有存在感吧？妳們會生病難道跟這個沒有關係嗎？我們那麼努力，不就是想求得生活上有平靜、自在的感覺，家和萬事興的信念有帶給妳這樣的人生嗎？」

每一個女人都搖頭。

「這些儒家的教條可能適合幾千年前的人，女人都不出門，也沒有接受教育的年代，那時聽從男人的話最安全、最能保護自己。但是，現在我們都出門工作養家，也都自己撐出一片天了，以前的教條怎麼會適合現在的我們？時代在進步，我們的想法卻還停留在洞穴時期。

「無論妳從小被灌輸什麼信念，當這個信念無法帶給妳快樂，就是不適合妳的、不對的。一個女人不快樂，她的家是不可能『興』得起來的，女人像一艘船的掌舵手，男人是那艘船，有意識、有力量的女人才能帶領全家航向幸福快樂。

「而當妳看到自己軟弱時，一點都不需要覺得羞恥。以前妳可能需要軟弱才能撐得下去，但現在的妳一定比以前的妳更有力量了，最重要的是，妳也看到自己的軟弱無法帶給妳快樂，看到了，妳就有選擇的能力，來決定自己還要不要繼續這樣活著。」

當一個女人開始覺醒，開始改變自己錯誤的信念，她便會更有意識地活著，意識帶給妳智慧，智慧則賦予妳力量。

妳會說出該說的話，幫助妳的先生看到自己的錯誤，讓他成為更好的男人；妳能分辨妳的信念是不是適合現在的妳，妳能拋下沉重的枷鎖活得像自己，也會願意幫助其他人如此活著；妳能保護妳愛的人，包括妳自己。

一個有意識、有力量的女人，

才能幫助她的家庭創造出最高規格的幸福

看著自己的過程，我對每一位女人都有很大的期許，我知道我們的改變會帶給身邊的人力量與快樂，自在與平靜。

祝福每一位女人，成為自己心中想要的那個樣子。

起手式：「下犬式至平板式」
先來分解一下動作細節！

下犬式（DOWNWARD-FACING DOG/ADHO MUKHA SVANASANA）

這是一個瑜伽生命裡很重要的動作，我也是練習了好久才慢慢抓到訣竅，所以我們會花一點時間來解釋下犬式。

非常好的動作，放鬆延展整個背部、大腿後側、小腿、雕塑手臂，因為頭部低於心臟，可將血液逆流，所以能安定神經、紓解壓力和疲勞、改善頭痛與失眠等等，並且可以讓身體持續在練習的狀態下做為休息平衡肌肉的動作。

下犬式準備步驟：

1. 從小孩子式開始。

2.雙手往前延伸，與肩同寬，手掌平貼地板，吸氣腳趾捲進來，下一個吸氣，大腿根部往後推之後，打直雙腳，下一個吸氣，彎曲膝蓋，靠近胸口。（1）

3.再吸氣，吐氣，大腿根部往後推，再一個吸氣、吐氣，腳跟輕輕地往下靠近地板。

4.放鬆肩膀，感覺從手臂慢慢延長到手掌推地，將重心往後推，記得要持續提醒肩膀放鬆，離開耳朵，手臂的延長才會出現。（2）

5.呼吸，將呼吸引導到整個後背，膨脹後背，放鬆肩膀。

小叮嚀

我必須說，下犬式是真的不是一個簡單的動作，我練習瑜伽那麼久，每次進入下犬式依然得不斷東調西調的，所以，不要急著馬上會，或做得多標準，輕鬆學就好。很重要的一點，正確的下犬式，百分之七十重量應該落在雙腿，如果感覺上半身壓力沉重，就表示需要調整一下動作了。

1

2

平板式（PLANK POSE/VASISTHASANA）

先跪姿，雙手掌放墊子打開與肩寬，肩膀下面是手腕，十隻手指打開向前，在平板式裡有幾個重要的細節，來正確地進入平板式。（3）

TIPS—平板式的手臂，掌根推地。

TIPS—大手臂內側夾緊。耳朵遠離肩膀。鎖骨往左右兩側延伸（胸口會打開，肩胛骨會有一種往內集中夾進來的感覺）。

TIPS—穩定好上面四個步驟，再將膝蓋離開地面，腳往後走到整個伸直的位置，臀部下降與肩膀同高，腹部有力的緊縮維持讓臀部不掉下來，開始啟動腹部肌群，雙腳跟像踩牆壁一樣有力。

TIPS—平板式是一個可以雕塑手臂與腹部肌肉的動作，聽說歐巴馬他老婆就是靠平板式來練就一雙漂亮的手臂，但對女生是一大挑戰，也常會做錯，所以以上四步驟很重要，做對才會有效果。慢慢來，花點時間進入動作，做久你的身體就自然會啟動這四個步驟。

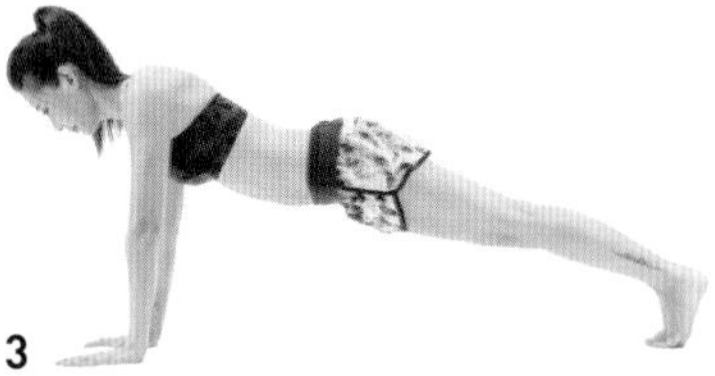

3

開始鍛鍊：

一、下犬式至平板式

RUN 1

1. 延續小孩式開始，捲進來腳趾腹部啟動，吸氣將臀部推向最高，來到下犬式，吐氣，停留十二拍。
2. 吸氣從下犬式，穩定手的力量，腳跟併在一起，將肩膀直接移動到手腕正上方，手臂四步驟啟動，進入平板式，鼻吸鼻吐，停留八至十二拍後，吸氣，吐氣回到下犬式休息八至十二拍。
3. 做四回合後，回到小孩子式停留三至五個呼吸。

RUN 2

1. 小孩子式，吸氣下犬式，吐氣平板式，吸氣下犬式，吸氣平板式。
2. 做八至十二回合後，小孩子式裡休息五個呼吸，動動手腕。

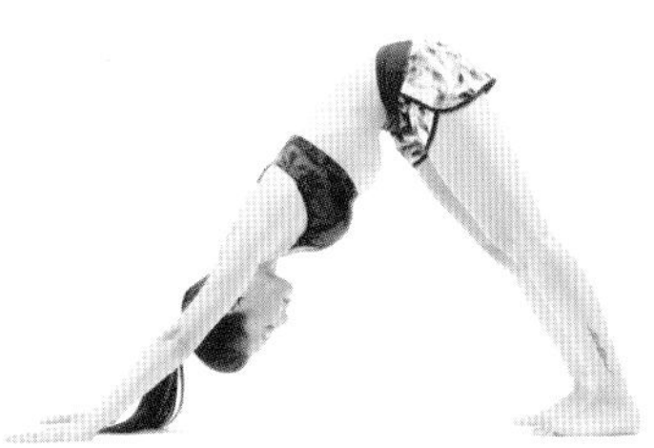
4

5

二、三角下犬式

1.將身體慢慢移到下犬式後（4），腳再往前走一大步，讓身體很三角形，整個腹部有凹進去的感覺，好像被打了一拳，注意力一樣停留在腹部上，肩膀放鬆，掌根有力推地，雙手臂持續往後推（5）。

2.吸氣右腿慢慢上抬，腳趾勾進來，感覺腿有力（6），吐氣下，再吸氣左腿上抬吐氣下（7），慢慢做，純粹靠腿與腹部的力量帶上來，腿上抬的高度與臀部同高即可，不要用甩的或做快，慢慢地去感覺是由哪邊的肌肉開始啟動，做愈慢效果愈好，左右算一次，做十三至二十六次。

舒緩

做完小孩子式一分鐘以上，慢慢將頭抬上來坐在腳跟上，讓血液回流下來身體，不要急著站起來會容易頭暈。

所有步驟完成後，請使用小孩子式與大休息式進行伸展與能量的沉澱。

6

7

小叮嚀

如果啟動手臂四步驟，仍覺得手臂吃力，可以考慮將膝蓋放下來，但也請帶著信任自己身體的態度面對，因為手臂是女生用來逃避運動的原因之一，就是因為手臂沒力才要多練習呀。手臂沒力，除了容易外型不佳之外，遇到需用力時，就會用身體其他部位幫忙出力，例如腰部、肩膀，容易造成肩膀僵硬、腰部痠痛這些有的沒的。

「腿是我們的第二顆心臟！」腿與腹部更是能量與生命力的來源！腿、腹力量不足的人，做事會容易沒信心，不易付諸行動與堅持，想的多、做的少，但畢竟人生是「做出來」不是「想出來」的，「想」只會讓我們更加猶豫與恐懼，因為腦子的功能就是累積經驗，提出警訊預防受傷，但是，當我們內在轉變時，腦子是不會知道的，因為它的工作就是要提出警告！而且我們必須了解，沒有一件事會是一樣的，就算條件一樣，但經過時間的累積，今天的你也不一樣了，你需要做的只是打開，去經驗、去感受這件事。

《來自宇宙的新小孩》書中提到：「包括我們的每一個念頭與經歷的每一個感覺，都是一種能量，例如不愉快的經驗，身體的內臟會有反應，胸口劇烈跳動或胃有種打結的感覺，而當開心時，胸口會有點鼓脹起來，身體只是反映我們的體驗，當每一個體驗的能量頻率傳達全身，也會變成我們意識的一部分。」

也就是說，每次你去體驗的事，都會讓你的能量流動，你的身體就像一片晶片，記錄著你經歷過大大小小的事，當你覺得很低落，都是因為你尚未完全打開體驗你的事件，你的閃閃躲躲，或沒說出真心話，造成身體能量的阻塞，傷害你的，不會是事情的好壞，是你自己的逃避，所有呈現在你面前的考驗，都是你要做的功課，都是老天爺為你量身訂作的計畫，當你逃避，這個所逃避的功課就會不斷地出現在你的生命中，你可以檢視自己的人生，是不是一直在同一個洞裡跌倒，唯有爬起來看清自己為何跌倒，你才不會再跌一次。

後記

成為你自己，是此生最重要的一件事

「完美」是一種潛意識的商業行為，商業就是交易，為我強迫自己更好，所以你就應該更愛我。

回想一下，我們想努力成為完美的那一段路。

我們很用心地跨越了一個障礙，當下以為我們接近完美了，我們歡欣鼓舞、驕傲萬分……，沒有多久，卻發現好像有更多的障礙在我們前面，等著我們去跨越。

你像一個永遠跑不到終點的跑者，不知為何而跑，也不知終點在哪，更不知獎盃到底對你有什麼重要。

因為不知道，也懶得去試著知道。你磨破了腳趾、扭傷了腳踝，即便用盡體力、筋疲力竭，你還在跑。當然也不知道自己經過了多少美好的景色，錯過了多少美好，因為你一直在懊惱為什麼還沒有到終點。

當你察覺到自己的習氣，看到自己追求完美只是為了想要得到別人的愛與注意，你這個跑者的態度，就會開始轉變，一樣跑在這一條路上，你開始關心自己的呼吸、注意自己的體力，小心地確定自己需不需要補充水分，身體肌肉承受的狀態如何？一樣跑在這一條路上，你專注地觀察自己，當超過你的體能了，你調慢速度，讓自己的心跳、呼吸，慢慢地下降，你開始慢慢地吸氣、吐氣，你眼睛觀察看到周遭一片一片美好的景色，你的心都開了，你好感謝自己有這個機會跑上這一段路，你慢慢地往前走，先調整自己，享受眼前的美景，你不在乎能不能跑到終點，因為你已經拿到你的獎盃了。

接受每一個當下、每一個狀況、每一個情緒，沒有什麼好或不好的事，當你把所有的自己都接收回來，你就完整了。

從今年開始重新處理書的文稿，好像再一次地把這十幾年的過程重新走一遍，重新看著自己第一次面對自己時的驚恐，我覺得好險喔，還好內在想要讓自己變得更好，以及想改變自己的力量太強大，所以我才有足夠力道一步一步地強迫自己去面對。

現在回頭看著這一切，我非常、非常感謝我自己，畢竟要把自己從一個洞裡面拉出來是非常困難的，我非常感謝我身邊所有的因緣際會，推了我一把。

現在，換我拉大家一把了。

這也是我不斷在臉書寫下一些有的沒的原因，我得到的太多，沒有付出我會很內疚。

畢竟整個宇宙的能量會不停地良善循環，我好，也就會希望你也好。

我的臉書，好像一個小小的諮商中心，上面發表文章牽動了許多人的感受，我相信我曾發生的問題，很多人都會有。非常幸運的，不斷學習與覺察幫助我自己、療癒我自己，但並非每一個人都像我這麼幸運，所以，我覺得我有義務提醒大家，不要將就於現在的困境或痛苦，一旦將就，你這一輩子就只能將就了。

生命這麼短暫又急促，生命不是用來將就過日子的，我們有能力活出智慧型手機版的自己與過著意想不到的美好生活。

當然，一旦不願意將就，你就會開始學習如何讓自己成為更高規格的自己，也就開始啟動你內在的力量，開始逆轉你的一切。你美好了，你看這個世界就會美好。

前陣子我看到林志玲結婚的消息，很替她開心，她值得遇上這麼好的男人。

這讓我想到，以前我是多麼不喜歡她。第一次看著她那張完美無瑕的廣告海報，我不斷在心裡告訴自己，她一定只有漂亮而已，而已。

透過這幾年不斷地面對真實的內在狀態，不斷地長成像自己之後，我發現我對林志玲的看法也一直在改變，我看到她內在的美麗，我看到她溫柔的態度下有一顆堅韌的心，我看到她展現女性最美好的那一面，內外兼具。

我突然發現，因為我的內在狀態改變了，看外面世界的眼光也跟著不一樣，當我開始肯定自己的美好，我看到人，也就能直視到他們美好的那一面。我們的內在世界決定我們對外在世界的態度，此話不虛。

對我來說，這個世界開始呈現太多太多的美好，眼光所見都是，就算遇到表面不太妙的事，我也會試著思考背後可能的因素，人不會莫名其妙變壞，他一定有不得不變成那樣的理由。

當你願意理解表面的惡，慢慢地、一層一層地往下看到了底層，會發現裡面依然是人類的善，只是那個善受了傷，才會以同等的力量轉變成惡。

你所理解的、所思考的，都在擴張你生命的光芒，照亮更多人，讓你更慈悲。慈悲是宇宙最大的力量。如果可以成為一盞燈，何必變成一把斧頭呢？

記得第一次聽優人神鼓的表演，我淚流滿面，當時不知道自己怎麼會如此激動，總覺每敲一響鼓聲，就好像在對我說：「回家了，回家了。」

因為離家太遠，才會如此思念回到家的平靜。這樣平靜的感受太動人，我感覺到了、我看到了，我就知道自己該往哪裡走了。

每走一步路、每次為自己做的決定，都是為了要引導自己慢慢走回家，這個家再怎麼狹窄髒亂，都是我的家，都有我的味道、我的樣子，我只需要花點時間打掃，慢慢整理布置成我要的樣子。

以前我很喜歡一張明信片，看到這張明信片裡的女生，我覺得既熟悉又陌生，心裡有一股莫名的悸動。

女生臉上沒有化妝，兩頰有著幾顆雀斑，穿著平口白色洋裝，直髮過肩膀塞在耳朵後面。整個架子上其他明信片裡的女人都是完美無瑕，性感、嫵媚、豔光四射。她四十五度角直視著你，沒有任何取悅人的笑容、沒有性感雙眼、沒有任何臉部表情，就這樣靜靜地看著你。

我覺得她美得好震撼、好有力量、好有智慧與堅定，所有我希望成為的那個樣子都在這張臉上。前幾年整理自己的舊東西，發現這張明信片，裡面的女生依然如此動人，但是，我覺得自己已經不需要她來提醒我什麼了，因為我就是她，我已經成為我想要的樣子了。

成為自己是此生最重要的事，當你成為了自己，就開始改變這世界了。

瑜伽最後教我的事

靜坐。一切，都是為了這一刻

所有的動，都是為了靜下來。

靜下來才看得清楚，看得清楚自己的躁動、自己的寧靜與力量。

回到打坐的位置，輕輕地將坐骨平均放在墊子上，吸氣，坐骨下推，讓脊椎一節一節往上延伸長高。

我們再次回到一個安靜的位置，每一次的安靜，都是為了看到自己。

花點時間感覺一下現在的身體、現在的心，跟做瑜伽之前有沒有什麼不一樣？有沒有多一點安靜？多一點相信、穩定？臉部有沒有柔和一點？身體有沒有放鬆一點？有沒有感覺到自己完整美好，平靜與喜悅？

如果你的內在沒有這些成分，是不可能有這些感覺的。我們透過做瑜伽時專注地工作你的身體，放掉腦部喋喋不休的批評與恐慌，停止對外的投射與注意，將你生命的重心與中心點轉向自己，看著自己、照顧自己。

你有關心你的身體嗎？

你有停下來看看這個陪著你經歷了許多喜怒哀樂的身體它的感覺？

你有沒有因為自己的空虛而大量進食，無論你的身體是不是承受得起？

你有沒有在你的身體已經很疲憊時讓它休息？

你有好好愛你自己嗎？

你有沒有在意自己的感受？你有沒有說出你想說的話？你有沒有勇敢拒絕別人過度的要求？你有沒有面對自己的缺陷、無能、失敗依然愛自己？你現在過的生活是你要的嗎？你有長成你自己想要的那個樣子嗎？

你的身體跟心是相互影響的。

我們的身體與心是我們最好的朋友、父母、情人、醫生，它們從不喊累、從不罷工，永遠陪著你去完成你要的夢，它這麼任勞任怨，你有秀秀它們、給它們鼓勵、給它們關懷、給它們全世界最大的注意力嗎？你有跟它們說過「我愛你」嗎？

邀請你坐在自己面前，輕輕地、溫柔地，看著坐在眼前的你，就是只是看著……看著。

吸氣，膨脹你的心，吐氣，將你心的能量穿越皮膚，包圍著眼前的那個你，跟它說：「我愛你！」再一次吸氣，膨脹心口愛的能量，吐氣，把愛再一次送過去跟它說：「我愛你！」……不斷地對自己說「對不起」、「請原諒我」、「謝謝你」、「我愛你」。

不斷地做，做到自己與那個你都充滿了愛的感覺。意念的語言是很有力量的，讓「我愛你」這三個字來打開我們內在本來就有的愛的大門。

繼續泡在愛的能量裡，我們再待一下，讓這紅紅、溫溫、熱熱的光芒包圍著我們。

然後，再慢慢將這滿是愛的光芒再擴大，包圍整個空間，每一根柱子、每一塊地板。吸氣、吐氣，再擴大包圍你所愛的人，整個台北、台中、台灣，這土地上每一個良善的人，每一座山、每一棵樹、每一條溪流；再往外包圍住整個中國、亞洲、美洲、歐洲、非洲、澳洲，整顆地球，讓我們的藍色星球泛上一層紅光，在宇宙間隱隱發亮。

最後，將注意力回到自己心口上，安靜一下，跟那個你說再見，感謝它的陪伴，送它離開。

雙手合十在心前面，大拇指輕輕碰著心，下巴微微謙卑地低下：

「感謝我們自己，願意透過做瑜伽來照顧身體，進而照顧自己的心，我們自己就是自己最好的老師，任何時候只要我們願意低下頭來看著自己，生命中所需要的答案，都在我們心裡，願我們透過不斷覺察自己的旅程，找到自己內在的真實，成為我們想成為的那個人。對著自己內在更大的勇氣、慈悲、智慧與神性，深深地敬禮，**NAMASTE**（我內在的光，看見你內在的光）。」

祝福大家，成為自己的光，當你安靜下來看到自己就是愛的原型時，你的外在是否完美，你就不會在意了。

放下完美的枷鎖，迎接完整的自己。

回家。

POPULAR POO0033

我不要完美，只要完整——成為自己的七堂課

作　者—丁寧
資深主編—謝鑫佑
校　對—丁寧 吳如惠 謝鑫佑
特約行銷—郭珮妮
美術設計—蔡南昇
封面攝影—大樂音樂
封底、內頁攝影—Per Jansson
藝人化妝（外景）—蘇郁姍
藝人髮型（外景）—Lainnie
藝人妝髮（室內）—郭彥伶（Aleena kuo）
服裝贊助—easyoga
場地提供—做瑜珈

編輯總監—蘇清霖
董 事 長—趙政岷
出 版 者—時報文化出版企業股份有限公司
一〇八〇一九台北市和平西路三段二四〇號四樓
發行專線—（〇二）二三〇六—六八四二
讀者服務專線—〇八〇〇—二三一—七〇五
（〇二）二三〇四—七一〇三
讀者服務傳真—（〇二）二三〇四—六八五八
郵撥—一九三四四七二四時報文化出版公司
信箱—一〇八九九臺北華江橋郵局第九九信箱

時報悅讀網—http://www.readingtimes.com.tw
法律顧問—理律法律事務所 陳長文律師、李念祖律師
印　刷—華展印刷有限公司
初版一刷—二〇一九年十月五日
初版四刷—二〇二二年四月二十六日
定　價—新台幣四五〇元
（缺頁或破損的書，請寄回更換）

時報文化出版公司成立於一九七五年，
一九九九年股票上櫃公開發行，二〇〇八年脫離中時集團非屬旺中，
以「尊重智慧與創意的文化事業」為信念。

我不要完美，只要完整：成為自己的七堂課 / 丁寧著. -- 初版 -- 臺北市：時報文化，2019.10
304面；14.8X21公分
ISBN 978-957-13-7955-5(平裝)
1. 人生哲學 2. 生活指導

191.9　　108014856

ISBN 978-975-13-7955-5
Printed in Taiwan